智·库·丛·书
（2022年）

重庆航运发展研究

CHONGQING HANGYUN FAZHAN YANJIU

蒋江松 詹永渝 钟 芸
肖 刚 祖福兴 廖劲松 等 著

国家一级出版社 全国百佳图书出版单位

图书在版编目(CIP)数据

重庆航运发展研究/蒋江松等著. -- 重庆：西南大学出版社，2022.11
（智库丛书.2022年）
ISBN 978-7-5697-1679-5

Ⅰ.①重… Ⅱ.①蒋… Ⅲ.①水路运输经济—经济发展—研究—重庆 Ⅳ.①F552.771.9

中国版本图书馆CIP数据核字(2022)第199809号

重庆航运发展研究

蒋江松　詹永渝　钟　芸
肖　刚　祖福兴　廖劲松　等著

责任编辑	王传佳
责任校对	张　丽
封面设计	尚品视觉 CASTALY
排　　版	吴秀琴
出版发行	西南大学出版社（原西南师范大学出版社）
	地址：重庆市北碚区天生路2号
	邮编：400715
印　　刷	重庆紫石东南印务有限公司
幅面尺寸	170 mm×240 mm
印　　张	17.75
插　　页	2
字　　数	240千字
版　　次	2022年11月　第1版
印　　次	2022年11月　第1次
书　　号	ISBN 978-7-5697-1679-5
定　　价	65.00元

2022年智库丛书编审组成员

编审组组长：童小平

主　编　审：吴家农

编审组副组长：严晓光　刘嗣方　米本家　易小光

编审委员：黄朝永　马明媛　王明瑛　欧阳林
　　　　　张　波　蔡　焘　李　敬　丁　瑶
　　　　　周林军　童昌蓉　江成山　孙凌宇
　　　　　何靖波

目 录
CONTENTS

重庆港口资源效率提升问题研究

一、国内外港口发展与经验借鉴 ……………………5

二、重庆港口资源效率研究方法及模型构建 …………21

三、重庆港口资源效率评价 ……………………31

四、重庆港口资源效率提升思路与任务 …………55

五、重庆港口资源效率提升政策建议 ……………67

重庆航运绿色生态发展对策研究

一、基本理论及相关概念 ………………………76

二、国内外航运绿色生态发展现状、趋势及经验借鉴 ……86

三、重庆航运绿色生态发展现状及评价 ……………99

四、重庆航运绿色生态发展重点任务及对策建议 ………127

重庆重要支流航道等级提升研究

一、支流航道提升基础 …………………… 143

二、支流航道提升战略 …………………… 155

三、支流航道提升方案 …………………… 185

四、研究结论 …………………… 274

重庆港口资源效率提升问题研究

CHONGQING GANGKOU ZIYUAN XIAOLÜ TISHENG
WENTI YANJIU

重庆港口资源效率提升问题研究*

（2022年2月）

港口是基础性、枢纽性、战略性资源，是经济社会发展的重要支撑。习近平总书记长期关心港口发展，多次作出重要指示：经济强国必定是海洋强国、航运强国；港口是支撑经济发展的基础性、枢纽性设施；要坚持一流标准，把港口建设好、管理好，努力打造世界一流强港；要志在万里，努力打造世界一流的智慧港口、绿色港口。

重庆是我国中西部地区唯一的直辖市、国家重要中心城市、长江上游地区经济中心、西南地区综合交通枢纽和内陆开放高地，也是全国统筹城乡综合配套改革试验区和成渝地区双城经济圈的核心。重庆港是全国内河主要港口和长江上游最大的内河主枢纽港，港口作为支撑重庆发展的核心战略资源，为地区经济社会发展提供了重要保障。2009年，国务院出台《关于推进重庆市统筹城乡改革和发展的若干意见》，将建设重庆长江上游航运中心上升为国家战略。"十三五"开局之年习近平总书记视察重庆果园港并作出重要指示。相关文件以及习近平总书记的

---

* 课题组组长：吴家农；课题组副组长：蒋江松、马明媛；课题组成员：詹永渝、谈建平、张译丹、张涛、陈丹蕾、王会。

重要指示为重庆港口的发展指明了方向,重庆港口建设取得了令人瞩目的发展成效,长江上游航运中心建设得到全面加快。2020年,全市港口货物吞吐量完成1.65亿吨,集装箱吞吐量完成114.74万标箱,周边省市中转量占全市港口货物吞吐量的45%以上,水路进出口外贸货物占全市总量的90%以上,水路货物周转量占全市综合交通运输的64.5%。

港口资源效率不仅反映港口资源配置状况,也是港口投入产出能力、运营管理水平和综合竞争力的体现,更是体现一个港口城市竞争力的重要标志。提升港口资源效率,对于促进港口可持续发展以及推动经济社会稳定增长具有重要意义。当前,虽然重庆港口供需矛盾已基本得到缓解,但是,对照习近平总书记重要讲话精神,对照长江经济带高质量发展要求,对照《交通强国建设纲要》要求,重庆在充分发挥港口资源优势、进一步提升港口资源整体利用效率等方面还存在一些短板或不足。

因此,为全面落实习近平总书记对重庆提出的系列重要指示要求,准确把握新发展阶段,深入践行新发展理念,积极融入新发展格局,抢抓共建"一带一路"、长江经济带发展、交通强国建设、西部陆海新通道以及成渝地区双城经济圈建设等机遇,推动重庆长江上游航运中心迈向现代化新征程,支撑重庆建设西部国际综合交通枢纽和国际门户枢纽,迫切需要开展重庆港口资源效率提升问题研究,分析重庆在港口资源效率方面的短板和问题,提出提升重庆港口资源效率的思路、任务、对策,为推动重庆港以及全市经济社会高质量发展提供有力支撑。

一、国内外港口发展与经验借鉴

(一)国内外港口发展

1.国外港口发展

(1)荷兰鹿特丹港

鹿特丹港位于莱茵河河口三角洲,濒临世界海运最繁忙的多佛尔海峡,是世界最大的河口港之一,也是西欧水陆交通的要塞和货物集散中心,是一个典型的港城一体化城市,运入西欧各国的原油、石油制品、谷物、煤炭、矿石等都经过这里,素有"欧洲门户"之称。

①发展历程。

早期的鹿特丹为一个小渔村,后发展成为渔业港镇。1570年后,随着西欧海上运输和对外贸易的开辟,鹿特丹港成为英国、法国和德国之间的过境运输港。1600—1620年,鹿特丹港建成第一个港区。20世纪初,在开发了马斯河南岸岸线后,鹿特丹港相继建成了瓦尔(Waalhaven)、博特莱克(Botlek)、欧罗波特(Europoort)、马斯莱可迪(Maasvlakte)等港区。1990年以来,鹿特丹不断实施扩能计划,形成了以马斯莱可迪二期(Maasvlakte 2)为代表的8个主要港区,涵盖集装箱、石油化工、煤炭、矿石、农产品、滚装船等专业化码头。凭借优越的地理位置,鹿特丹港得到迅速发展。1961年,鹿特丹港货物吞吐量首次超过纽约港,成为世界第一大港,此后40多年一直保持世界第一大港地位。2003年,新加坡港货物吞吐量首次超过鹿特丹港。2004年,上海港货物吞吐量也超过鹿特丹港。2020年,鹿特丹港货物吞吐量在4.7亿吨左右,集装箱吞吐量约1435万TEU(标准箱),居欧洲第一位。

②建设与运营模式。

政府负责港口建设和日常运营:鹿特丹港由政府出资建设,荷兰政府投资占30%,鹿特丹市政府投资占70%,港口土地、岸线和基础设施所有权归鹿特丹政府,下设港务局,负责港口基础设施规划建设和日常管理工作。港务局的主要任务是对港区内的码头、航道、土地和其他基础设施进行统一开发建设,保证港口水上交通安全有序,以及进行港口发展研究和新技术开发。港务局在港区长远规划、港区规章制度、土地出租、港区入区企业选择以及港区内经营活动等方面有较大话语权。这种模式是典型的"地主港"管理模式。

港口经营操作实施市场化运作模式:鹿特丹港务局将港口岸线和土地出租给码头装卸公司、仓储公司、工业货物和液化货物码头公司等专门的港口经营人,并收取相应的租金。港口经营人需投资码头上的机械设备、库场和其他配套设施,雇佣码头工人和管理人员。目前,鹿特丹港的集装箱码头经营权主要承包给13个经营公司,其中包括和记黄埔集团旗下的欧洲集装箱码头公司(ECT),在鹿特丹马斯莱可迪二期中进行投资开发的A.P.Moller,还有由4家班轮公司共同经营的鹿特丹门户联合体。

重视港口物流一体化服务:鹿特丹港在货物码头和联运设施附近大力规划建设物流园区,提供港区物流一体化服务功能。

目前,鹿特丹港拥有多个物流中心,与码头之间建立专用运输通道,提供物流运作所必需的设备,采用先进的信息技术,并提供相应的增值服务以及海关的现场办公服务。

具有发达的集疏运体系:鹿特丹港主要以水路、铁路和管道进行货物集散,以减少公路运输造成的拥挤和环境污染,内河运输在鹿特丹港集疏运中起着重要的作用,港口内河集疏运集装箱运量占比超过50%。鹿特丹港80%的货物为中转货物,发货地或目的地不在荷兰,大量货物在港口通过一流的内陆运输网进行中转。鹿特丹有发达的高速公路、铁路、水路与欧洲各国连接,覆盖了从法国到黑海地区国家、从北欧国家到意大利的欧洲各主要市场和工业区。此外,鹿特丹港还为客户提供个性化的运输和中转服务。

(2)德国杜伊斯堡港

德国杜伊斯堡港是全球最大的内河港和欧洲中心首屈一指的物流枢纽。莱茵河是欧洲最繁忙的航运水道,也是德国最重要的河流,它流经杜伊斯堡,并在此与从东流经杜伊斯堡的鲁尔河交汇,使杜伊斯堡成为莱茵区与鲁尔区的交汇点,赋予了杜伊斯堡得天独厚的优势。杜伊斯堡港距离欧洲最大港口鹿特丹的水上距离为230千米,与比利时安特卫普港直线距离不到200千米。

①发展历程。

杜伊斯堡港始建于12世纪,13世纪因莱茵河改道而衰落。从17世纪起,由于鲁尔河和莱茵河的煤炭运输日益活跃,港口不断扩建。到1908年,港区已初具规模。20世纪60年代发展为集煤炭、矿砂、石油等大宗散货运输为一体的港口。杜伊斯堡港包括鲁尔奥特、杜伊斯堡和霍赫菲尔德3大公用港区和由14个货主码头组成的港群,拥有30个港池,港区面积12平方千米,码头岸线长43千米,物流仓库占地265公顷。港区中心位于鲁尔河河口,已有200年历史,每年有超过2万艘船只停泊,海船也可自此沿莱茵河入海驶往欧洲其他国家以及非洲等地区。通过莱茵河可以河海联运直达挪威、瑞典、芬兰、丹麦、英国、爱尔兰、法国、西班牙和葡萄牙等国港口。

经过发展,杜伊斯堡港已成为以集装箱码头为主,兼有散货码头以及现代化物流中心的世界第一大内河港。2020年,杜伊斯堡港的集装箱吞吐量达到420万标准箱,同比增长5%。2020年,抵达杜伊斯堡的中欧班列数量达到每周60列左右,集装箱货运量同比增长70%。

②建设与运营模式。

具备完善的内河航运功能:在莱茵河两岸,许多支流通过一系列运河与多瑙河等水系连接;在鲁尔河和利珀河之间,通过4条人工开凿的运河和74个河港与莱茵河联成一体,7000吨级海轮可由此直达北海。正是依靠便利的运输条件,大批原材料、商品源源不断地输送于莱茵河之上,莱茵河年货运量达4亿吨,相当于20条铁路的总运力,筑起欧洲的经济动脉。杜伊斯堡港是德国功能最多的内河港口,在主要内河航段均建设交管系统,利用现代化手段维护航道通航秩序。德国联邦交通部利用互联网开发航运电子信息网站,实现航道动态、船舶定位等的信息交流和对危险货物运输的管理,提高船舶的平均载货量和经济效益。

形成了便捷的集疏运网络:德国政府每五年出台一个综合运输规划,尽量在河道附近建设公路、火车站,使港口成为多式联运的枢纽,有效保证了内河航运与其他运输方式的衔接。杜伊斯堡作为国际贸易和物流中心,拥有发达的公路、铁路和航运网,是欧洲最重要的货运枢纽,是中欧直达列车的中心枢纽,是中欧班列在欧洲的重要站点和货物集结地。

③拥有广阔的内陆经济腹地。

杜伊斯堡是历史悠久的物资中转站和著名的化工、冶金中心,是欧洲的钢铁中心,德国7个具有400万吨以上炼钢能力的钢铁厂有5个在杜伊斯堡。自工业革命以来,这里就是工业品运输枢纽,在传统工业中的重型机器制造、内河船舶制造及精密机械制造领域,其凭借现代化装备和悠久传统至今在世界仍具有强大竞争力。有400多家企业在杜伊斯堡设有办事处,其中包括蒂森集团、欧宝汽车制造集团、曼内斯曼公司及克虏伯钢铁制造集团等世界著名企业。在其周边150千米半径范围内生活着约3000万消费者,是欧洲人口最为密集的地区之一,拥有巨大的物流需求和市场潜力。

(3)美国芝加哥港

美国芝加哥港位于密歇根湖西南端,芝加哥河河口附近,是美国最大的内河港口,也是世界上最大的内陆港之一。芝加哥港既可取道圣劳伦斯内河航道直达欧洲,也可取道密西西比河通往大西洋墨西哥湾。

①发展历程。

芝加哥港主要包括印第安纳和卡罗美特两大港区,码头岸线长达10余千米,码头前沿水深约7米,年货物吞吐能力超过5000万吨。港口设施较为完善,几乎所有码头都能与铁路线连接,早在1984年该港就开始应用双层集装箱列车运输。由于自美国西海岸西雅图港通过美国东西铁路干线——北太平洋铁路,经过芝加哥至纽约终点站,比经巴拿马运河要快一周的时间,只需13天便可到达。因此,丹麦马士基等航运公司均把芝加哥作为美国东西海岸间集装箱运输的中转站。1848年,连接五大湖区和密西西比河水系的伊利诺伊—密歇根运河和贯穿东西部的铁路竣工后,芝加哥成为水陆交通枢纽。同时,随着芝加哥产业转型和升级,加上有着金融、物流、航运等先天优势,芝加哥以服务业为主导的多元化经济得以快速发展,芝加哥逐步成为美国的制造之都、经贸之都、会展之都、文化教育和工业中心。

②建设与运营模式。

致力于建设发达的集疏运网络:芝加哥被称为"美国的动脉""北美的十字路口",是美国东西两岸水、公、空、铁交通枢纽。芝加哥是美国最大的铁路枢纽,是美国中北部30多条铁路线的集结点,城市铁路线总长1.24万多千米,每日约有3.5万节货车来往。同时,芝加哥公路交通发达,12条公路干线汇聚于此,从芝加哥港至西雅图、波特兰、长滩、奥克兰等沿海主要港口的时间都在7天之内。芝加哥也是美国最大的空运中心,市内有3个重要机场,其中奥黑尔国际机场是美国面积最大、客运最繁忙的机场,其飞机流量、旅客人数、货物吨位均位于美国乃至世界前列,每年接待乘客7000多万人次。

积极打造服务型经济发展典范:随着二战结束后美国经济

转型,工业发展已无法成为芝加哥的主要发展动力,于是芝加哥开始从依靠制造业逐步转型为依靠交通运输业为主的中心城市。20世纪60年代,芝加哥开始进行新一轮产业结构转型并最终确立"以服务业为主导的多元化经济"发展目标。芝加哥立足于传统制造业,利用其区位优势大力发展第三产业,强化传统金融贸易中心地位,培育和扶持商业贸易、金融业、会议展览及旅游业等服务业。由于在新经济中率先起步,芝加哥的低税收、便利交通及发展前景吸引了不同类型的跨国公司入驻。财富500强企业有47家在芝加哥设立总部,同时也聚集了与之紧密相关的知识型服务产业。自20世纪90年代开始,芝加哥服务型经济的重要地位急速提升,使其在商务服务业领域的表现毫不逊色于纽约,成为美国服务型经济发展的典范。

2. 国内港口发展

(1) 上海港

上海港位于长江三角洲前沿,居我国大陆海岸线中心、长江入海的咽喉,是中国自西向东以长江为横轴线和自北向南以海岸线为纵轴线的交会点,是我国沿海主要枢纽港和参与国际经济大循环的重要口岸。

① 发展历程。

上海港是我国最早对外开放的通商口岸之一,具有悠久的历史。1908年,上海港建成国内最早的万吨级码头。改革开放后,上海港相继建成宝山、外高桥等港区。21世纪后,上海港又先后建成外高桥三期和四期码头。1996年,上海启动国际航运中心建设,特别是随着洋山港深水港区投产,上海港得到快速发展,货物吞吐量持续大幅攀升。2003年,上海实行港口体制改革,实现了港口管理和港口经营政企分开,成立了上海市港口管理局(后统一合并为上海市交通委员会)以及上海国际港务(集团)有限公司,上海港的运营管理真正走上了企业化、市场化发展之路。2005年,上海港货物吞吐量首次超过新加坡港,成为世界第一大港。2010年,上海港集装箱吞吐量首次超过新加坡港,位居世界第一。2020年,上海港集装箱吞吐量为4350万TEU,多年蝉联全球最大集装箱港口桂冠。

②建设与运营模式。

合作建设提升港口资源效率:上海港从洋山港建设运营开始采用BT模式和PPP的公私合作模式,即码头泊位由投资方建设,泊位建成后出租或转让资产给码头经营企业。成立市级国有投资平台——上海同盛投资(集团)有限公司,作为洋山深水港开发建设的主体,主要承担洋山深水港项目的投资管理,相关码头泊位建成后由同盛集团委托上港集团管理、经营,并收取码头资产占用费。

港航合作提升服务效率:上海港特别注重通过港航合作,提升港口服务质量,从2005年开始陆续与马士基、中远等班轮公司合作打造"精品航线"品牌。在多方共同努力下,船货港信息得到了充分利用和有效衔接,大大提高了港口作业效率,减少船舶待泊时间,船舶准班率和客户服务质量都得到了大幅提升。

区港联动加大集聚效应:一是强化区港联动,促进政策叠加、优势互补、资源整合和功能集成,实现保税区国际贸易、出口加工等功能与港区口岸功能相结合,产生"1+1>2"的物流促进效应,提升港口对物流产业的集聚和辐射效应;二是与相关方合作投资开发建设园区,创新营运模式,为港口提供货源基础,提高港口的国际中转集聚效应。

(2)南京港

南京港地理位置优越,位于长江中下游地区长三角经济圈内,下距吴淞口400余千米,是我国长江流域水陆联运和江海中转的枢纽港,也是国际性、多功能、综合型江海转运主枢纽港。

①发展历程。

南京港历史悠久,在元代,南京港是南粮北运起运港口之一,在明代,南京港是郑和七下西洋的基地港。1986年,南京港被批准为国家对外开放一类口岸。2007年,南京港货物吞吐量突破1.07亿吨,集装箱吞吐量突破100万TEU。2020年,南京港货物吞吐量达到2.5亿吨,集装箱吞吐量达到302万TEU,成为"一带一路"建设和长江经济带重要连接点,是国家综合运输体系的重要枢纽。

②建设与运营模式。

积极参与区域港口资源整合:2017年5月,江苏省港口集团正式挂牌成立,通过市场手段将江苏省属港航企业和连云港、南京、苏州、南通、镇江、常州、泰州、扬州等沿江沿海8市的国有港口资源进行整合。通过股权转让、解散清算、吸收合并等手段,对生产业务资源、资产资源、人力资源进行整合重组,进一步提高了港口生产效率,提升了港口经营规模和经营质量。

加快推进智慧港口建设:南京港高度重视信息化建设,经过多年的发展建设,南京港在先进技术利用、信息化管理方面取得了显著成就。近年来,陆续投资上亿元,推进智能化、自动化、绿色低碳港口建设,促进港口与互联网、大数据、物联网等的融合发展,打造"智慧港口"平台。设立南京港口物流发展专项资金,用于集装箱发展,重点物流场站、内陆港站和信息化建设以及节能减排等项目。建设了视频监控系统、集装箱统一管理平台、商务业务平台、一体化运营服务中心、可视化系统等一系列信息化应用系统,在维护港区安全稳定、应急管理、服务生产等多个方面发挥了重要作用。

创新市场经营模式:南京港加快推进生产经营和资本经营"双轮驱动",基本形成了码头经营、港航运输、港口物流、港机制造、水运工程和资产经营相互依存、协同发展,"港口主业突出、关联产业协同发展"的产业发展格局。同时,依托港口资源优势,创新业务模式,全力推进多式联运和全程物流业务,发展大宗商品交易等商贸业务,实现港口经营业务价值提升。此外,南京港还积极探索总部经济、商业地产等新业态,逐步实现由传统装卸港口企业向现代综合物流运营商转型。

注重港产城融合发展:近年来,南京市政府注重港产城融合发展,通过多种政策支持,有序推进滨江开放建设、老港区搬迁和"退港还城"功能调整,城市化进程不断加快,对港口发展模式和运营模式提出了更高要求。在此大背景下,南京港加快盘活土地、码头、岸线等存量资源,促进资产良性运营和保值增值,同时,大力拓展资产管理等新业态,打造港城一体化融合发展平台,培育新的利润增长点。

（3）武汉港

武汉港位于长江中游与汉江交汇处,是全国主要内河港口之一、国家一类对外开放口岸,也是我国内陆地区铁水联运主枢纽港、长江中游航运中心的主要载体,在国家中部崛起战略、长江黄金水道和武汉航运中心建设中居于重要地位。

①发展历程。

武汉港是一个历史悠久的港口,自从1861年汉口开埠后,武汉港的口岸贸易迅猛增长,曾为全国主要外贸港口之一。2002年,武汉港由交通运输部下放武汉市,实现政企分开,组建武汉港口集团。2005年6月,由武汉市国资委与上海国际港务集团、上港集团物流有限公司三家合资组建成武港集团,2011年3月增资扩股吸收新股东武汉新港建设投资开发集团有限公司。2016年12月,武汉市国资委以所持武港集团股份出资武汉港航发展集团,武汉港航发展集团成为武港集团新股东。2020年7月,武汉港航发展集团吸收合并武汉新港投集团。2021年6月30日,湖北省港口集团有限公司在武汉正式成立,湖北省实现对省属国企以及长江、汉江沿线市州的国有港口资产的整合。2021年8月1日,武汉阳逻国际港水铁联运二期项目正式开港运营。2020年,武汉港集装箱吞吐量达到193万标准箱,创历史新高。

②建设与运营模式。

加强周边地区港口资源整合:湖北省委、省政府在财税、土地、岸线、改革创新、统筹协调等方面给予了武汉港政策支持,有效推动了沿江港航企业国有资产、港口资源股份化整合,实现了统一资产管理、企业管理。2008年,湖北省委、省政府决定将武汉、鄂州、黄冈、咸宁四市的港口进行统一规划,建设融港口、产业、综合交通为一体的巨型港口集群。2010年,武汉新港工作委员会成立。武汉新港以26个港区建设为基础,重点规划建设2大集装箱港区、1个新港商务区、5座临港新城、12个临港产业园区。以提升航运资源配置能力为重点,以阳逻集装箱码头为核心,以汉南、江夏汽车滚装码头为代表,港区功能和地位全面提升。

大力发展港口集疏运体系:武汉港为解决港口运输"最后一公里"瓶颈,在近年来加强港口集疏运体系建设力度,港区集疏运通道建设水平显著提升。各主要港区相继建设集疏运通道,沿江、沿河发达的骨干公路网络基本形成;以武汉阳逻、荆州盐卡、黄石棋盘洲、鄂州三江、襄阳小河等港区作业区综合集疏运体系为重点,完善公水联运、铁水联运基础设施建设。

依托集疏运体系大力发展多式联运:武汉港依托自身集疏运优势,联合国内各地航运企业、物流企业、港口企业,大力发展多式联运,拓宽业务范围和辐射半径。通过企业间强强联合,武汉至上海洋山港的集装箱班轮航线实现规模化运营,先后开通了"泸汉台"集装箱快班,武汉—东盟试验航线,武汉至日本、韩国等国的集装箱近洋航线,加强与汉口北铁路物流中心和吴家山铁路物流基地合作,开通了覆盖长江沿线各港的铁水联运线路。

(二)经验借鉴

1.通过港口整合,提升资源配置效率

资源整合是指通过政府间战略合作、企业间产权纽带或契约关系将产业链联结成协作体,以获得产业系统竞争力。虽然全球港口的发展模式与历程各有不同,但仍存在诸多相同点,加快国际化、规模化、系统化发展,打造高度整合的综合性港口,已成为全球港口的发展趋势。

从国外看,美国东海岸的纽约港和新泽西港由于地理位置相近、腹地重叠,曾经产生了不正当竞争局面。为扭转这种局面,两地政府决定组建跨州的港口管理机构,即美国纽约—新泽西港务局,来对港口及所处地区进行统一管理与规划。欧洲沿海的众多港口由于分属不同国家和地区,各个港口单纯依靠自身发展很难适应和带动整个欧盟发展,于是在欧盟组织倡导下成立了欧洲海港组织,通过统一规划来管理和运营欧洲地区港口发展,确保港口间的有序竞争和整体利益最大化。日本东京湾的东京、川崎、横滨、名古屋、北九州、神户等港口,港口同质化问题曾经也非常严重,为了解决恶性竞争状态,日本政府和地方政府联合出台了一系列法律法规和政策措施,通过采取统一入港费和岸线使用费标准等措施,实现了各港口的合理分工和错位发展。

从国内看,在港口整合和一体化发展的过程中,政府都发挥了重要的推动作用,例如成立组合港港口管理委员会、建立协调机制、制定统一规划、给予扶持政策等,对港口顺利进行资源整

合和一体化发展提供了有力支持。2015年,为解决宁波、舟山等相关港区的重复建设和同质竞争等问题,浙江省进行了政府主导的港口资源整合,通过等值股权无偿划转等形式,完成了宁波舟山港集团的组建,同时将宁波舟山港集团归入浙江省海港集团进行统一管理。2017年,江苏省港口集团通过市场手段将省属港航企业以及南京、连云港、苏州、南通、镇江等地沿江沿海国有港口企业整合并入江苏省港口集团。2017年,辽宁省人民政府与招商局集团签署战略合作框架协议,在港口运营、物流运输、园区开发、金融服务等领域开展深入合作。2018年11月,辽宁省东北亚港航发展有限公司成立,其中招商局占股49.9%,辽宁省国资委占股50.1%,后更名为辽宁港口集团有限公司。2018年,为解决山东沿海青岛、烟台、日照等港口内部同质化竞争问题,山东省启动整合工作,于2019年8月成立山东港口集团,实现全省港口统筹发展。2021年6月30日,湖北省港口集团有限公司在武汉正式成立,实现对省属国企以及长江、汉江沿线市州国有港口资产整合,标志着湖北省港口资源进入一体化发展新阶段。

目前,长江沿线江苏、安徽、江西、湖北、湖南、四川等省市均已组建省级港口平台,从国内外已完成的港口资源整合案例中,可以看到港口资源整合模式主要有行政推动、市场化、政府引导+市场主导、地主港等4类整合模式。重庆港应借鉴美国纽约—新泽西港、宁波舟山港等港口的经验,抢抓成渝地区双城经济圈建设战略机遇,与四川港口实现统筹协调发展。加强分工协作、功能错位,营造优良市场环境,协调临港工业发展,形成干支衔接的发展模式,最终形成以重庆港为中心,以宜宾、泸州等港口为依托的港口群。

2. 强化信息化建设,提升港口运作效率

近年来,全球港口不断朝着智慧化、数字化方向发展,特别是在大数据、5G、区块链、云计算等新技术带动下,港口建设运营愈发重视科技创新,信息化建设步伐加快。作为港口信息化的下一发展阶段,港口数字化分为初、中、高三个阶段,以鹿特丹港、汉堡港、上海港、宁波舟山港等为代表的港口已向数字化中级阶段转型。

从国外看,目前,全球多数港口的数字化进程仍处于初级阶段。鹿特丹港作为港口数字化的先行者,于2019年上线了物联网平台,对港口陆域、水域进行了数字化改造,实现了对码头利用状况和港口环境要素的数字化监控,进而缩短船舶等待时间,提升港口运行效率。鹿特丹港务局发布的《数字化港口白皮书》显示,鹿特丹港船舶靠泊时间平均缩短近20%。

从国内看,宁波舟山港于2018年上线了"浙江海洋港口统一调度平台",实现了全省沿海港口船舶调度的统一申报、统一受理、统一发布、统一查询。同时,电子提单、电子仓单质押等无纸化应用已经广泛涌现,宁波舟山港在集装箱进出口方面已实现全程无纸化,上海、深圳、天津、厦门等港口在提货单、设备交接单方面也实现了无纸化。

3. 大力发展多式联运,提升港口群联网效率

欧美国家通过建设直接连接各港口的铁路、公路,提高与公路、铁路的中转效率等措施,发展水陆联运,并依托集装箱运输,将内河航运融入全球物流体系。欧美绝大多数内河港口都有便捷的公路、铁路乃至飞机场与之连接。杜伊斯堡港和芝加哥港都位于交通要道,处于多条内河航道以及铁路和公路汇集的地方。为了方便内河航运与铁路、公路运输的衔接,根据内河航运靠水行舟、临水建港的天然属性,陆运通道、物流站场等建设都应主动适应内河航运的要求,将联运点布置在内河港区内。德国尽量在河道附近规划布局公路、火车站,使港口成为多式联运的枢纽,有效保证了内河航运与其他运输方式的衔接。欧盟在《欧洲运输政策白皮书》中提出的"马可波罗计划"也强调,要依据港口建设公路、铁路,使港口成为多式联运的交通枢纽。我国交通运输部于2021年发布了《水运"十四五"发展规划》,明确提出将加快推进枢纽港、主要港口重要港区进港铁路建设,实施进港铁路支线及"最后一公里"衔接,提高铁路疏港能力。

4. 推动港产城融合发展,提升港口对腹地的辐射效率

从世界港口城市发展历程看,港口是一个城市乃至所在国家的重要战略资源,许多著名城市都是依托港口发展而兴起的。港口作为城市吸纳资源要素的重要平台,与临港产业和城市经济发展具有相互依托、相互支撑的关系。美国东海岸的纽约—新泽西港,其港口功能已与城市经济的发展融为一体,其以港口为基础,推动港口功能多元化发展,并不断调整城市产业结构,促进临港工业发展,实现港口与其他经济特定区域的联动发展。美国五大湖区城市群中的芝加哥,依托综合交通枢纽和内河港口优势,大力发展传统制造业,强化传统金融贸易中心地位,加快培育商贸、金融、会展等服务产业,成为美国发展最均衡的经济体。德国杜伊斯堡河港依靠便利的运输条件,大力发展能源、化工、机械、电子和汽车等产业,在重型机器制造、内河船舶制造及精密机械制造领域具有强大竞争力。

二、重庆港口资源效率研究方法及模型构建

(一)相关概念及研究对象

1.相关概念

港口是指位于海、江、河、湖、水库沿岸,具有水陆联运设备以及条件以供船舶安全进出和停泊的运输枢纽。港口是水陆交通的集结点和枢纽,可以由一个或多个港区组成,港口是工农产品和外贸进出口物资的集散地,现代港口除应有码头泊位设施外,还需要有内陆腹地运输系统相配套。港口资源是指符合一定规格船舶航行与停泊条件,并具有可供某类标准港口修建和使用的筑港与陆域条件以及具备一定的港口腹地条件的海岸、海湾、河岸和岛屿等,是港口赖以建设与发展的天然资源。

"效率"这一概念源自经济学,是指在满足人类需求的情况下,有限的社会资源达到最优配置状态。港口资源效率问题一直是交通经济、航运经济领域研究的热点问题。从经济性角度讲,港口资源效率主要反映港口资产配置有效与否,是港口投入产出能力、竞争能力和经营管理水平的总体反映。

2. 研究对象

（1）按照研究范围分

目前，港口资源效率的研究范围主要包括技术效率、规模效率、配置效率、成本效率和X效率等。按照古典经济学理论，港口总效率=技术效率×配置效率，技术效率=纯技术效率×规模效率。技术效率是在既定投入数量下，实际产出与理论最大产出的差异；规模效率是指产业结构通过优化配置对产出单元所发生作用的大小；成本效率是指在既定产出和市场价格不变的情况下，实际成本与理论最低成本的差异；配置效率是指在价格既定情况下，企业使用各种投入的能力；X效率是指影响港口企业效率的人的行为特征及非市场因素。

（2）按照研究对象分

港口资源效率可以分为港口运作效率和港口经营效率。其中，港口运作效率主要选择港口企业的基础设施、生产数据作为投入产出变量来评价港口资源效率，主要选用港口的各种基础设施作为投入要素，例如泊位数量、泊位长度、装卸机械设备数量、堆场及仓库面积、港航建设投资等。港口经营效率主要选取港口企业的财务数据作为投入产出变量来评价。一般来讲，投入指标主要包括总资产、净资产、流通股股数、主营业务成本、员工人数等，产出指标主要包括主营业务收入、税前利润总额、净利润、每股收益、营业毛利率、权益净利率等。

（3）本项目研究对象

在实践中，研究港口资源利用效率的主要目的是分析港口运营现状，提出优化港口资源配置、提升效率的措施。目前，国内外绝大多数对港口资源效率的相关研究集中在对港口投入、产出能力的研究上,即在某一港口的运营过程中,各种投入要素相对于该港口产出能力的利用率。同时,港口运作效率不仅取决于单个港口自身的运营效率,还会受到港口与其他港口之间、港口与腹地之间多层次经济联系等环境变量的影响,但就整个港口资源效率体系而言,港口运作效率是港口资源效率内涵体系的重要基础和核心要义。

综上分析,考虑到数据、资料的可获取性,本次研究拟把港口综合效率作为主要研究对象,从投入产出角度,对重庆港口资源效率进行综合效率、纯技术效率、规模效率三个方面的评价和分析。

(二)研究方法及模型构建

1. 研究方法

港口资源效率研究一直是交通经济、航运经济领域研究的热点问题。对于采用什么方法能更有效地研究港口资源效率,国内外学者一直在进行探索。关于港口资源效率的研究始于20世纪80年代,最早主要采用单一的评价方法或数量有限的几个主要指标进行测度。随着全球化进程不断加快,港口的作用日益突出,港口成为一个国家的重要战略资源,对港口资源效率研究的广度和深度不断增加,国内外学术界对港口资源效率的研究方法也不断丰富和深化。

目前,港口资源效率的研究方法主要分为两大类:生产前沿分析法和非生产前沿分析法。其中,非生产前沿分析法主要采用单一指标来衡量港口资源效率,包括偏要素生产率或部分衡量法。由于缺少对港口资源效率的整体评价,在港口资源效率研究实践中已很少被采用。因此,生产前沿分析法是目前国内外对港口资源效率的主流研究方法。

生产前沿分析法主要包括参数法和非参数法,具体内涵及特征如下:

参数法主要包括线性回归分析法、随机前沿分析法(SFA)、神经网络法(BP)。线性回归分析法由于模型过于简单,加上每次仅考虑一个影响因素与港口资源效率之间的关系,忽略了各变量之间的相互制约及非线性关系,难以全面涵盖港口资源效率的研究内涵。随机前沿分析法由于在选取影响因素时受人为主观因素影响较大,加上需要人为确定函数形式,导致人为主观干预情况在该方法使用中无法避免。神经网络法虽然能避免人为主观因素和模糊随机因素的影响,但对港口资源效率的区分度较差,学者也很少采用该方法对港口资源效率进行研究。

非参数法主要包括数据包络分析法(DEA)、平衡计分卡法、层次分析法、模糊类聚分析法、主成分分析法等。由于非参数法的人为主观影响较小,因此成为目前使用最多的港口资源效率研究方法。由于传统数据包络分析法存在没有考虑外在环境因素和随机因素影响的弊端,很多学者采用剔除外在环境因素和随机误差后的三阶段DEA模型来研究港口资源效率,这也是目前国内外学界在港口资源效率研究中应用最广泛的方法之一。

2.模型构建

基于此,本次研究拟运用三阶段DEA模型,剔除环境变量和随机因素,对比评价2010年和2020年重庆港与长江干线主要港口资源效率,揭示重庆港口资源效率的时间变化趋势,为进一步提升重庆港口资源效率提供理论参考。

(1)第一阶段(传统BCC-DEA建模)

利用原始投入产出数据构建传统的BCC-DEA模型,即投入导向的规模保持可变模型,测算得出初始综合效率。综合效率可分解为规模效率和纯技术效率,且综合效率为规模效率与纯技术效率的乘积。模型构建过程如下:

根据DEA模型原理,假设有n个决策单元(DMU),每个DMU有m种投入和s种产出,X_{ij}表示第i项DMU的第j项投入的权重;Y_{ij}表示第i项DMU的第j项产出的权重,所有第i项DMU的投入可以表示为:

$$X_i = \left(X_{i1}, X_{i2}, \cdots, X_{im}\right)^T, i = 1, 2, \cdots, n$$

其权重向量表示为:

$$v = \left(v_1, v_2, \cdots, v_n\right)^T$$

所有第i项DMU的产出可以表示为:

$$Y_i = \left(Y_{i1}, Y_{i2}, \cdots, Y_{is}\right)^T, i = 1, 2, \cdots, n$$

其权重量表示为:

$$u = \left(u_1, u_2, \cdots, u_s\right)^T$$

则第i项DMU的产出可以表示为:

$$E_i = \frac{u^T Y_i}{v^T X_i}, i = 1, 2, \cdots, n$$

由上式可知,通过调整各项指标的权重,一定能得到最大的投入与产出效益。但是单一追求投入产出,可能会忽略对其他因素的考虑,导致最终的结果不理想。因此,若将生产效率和边际生产效益考虑在内,使规划结果达到"技术有效"与"规模有效"的最佳目标,可以引入松弛变量 e^-、e^+ 和非阿基米德无穷小量 ϵ,将模型的分式规划问题等价变换为线性规划模型:

$$\begin{cases} \text{Min} \theta - \varepsilon \left(e_1^T s^- + e_2^T s^+ \right) \sum_{i=1}^{n} X_i \lambda_i - s^+ = \theta X_0 \\ S.t. \quad \sum_{i=1}^{n} Y_i \lambda_i - s^- = Y_0 \\ \lambda_i \geq 0, i = 1, 2, \cdots, n \\ s^- \geq 0, s^+ \geq 0 \end{cases}$$

式中,$e_1^T = (1,2,\cdots,n) \in E_n$,$e_2^T = (1,2,\cdots,s) \in E_s$,$s^-$ 是与投入相对应的松弛变量向量,$s^- = (s_1^-, s_2^-, \cdots, s_m^-)^T$,$s^+$ 是与产出相对应的松弛变量向量,$s^+ = (s_1^+, s_2^+, \cdots, s_s^+)^T$,$X_0$、$Y_0$ 是被评价的某个决策单元 DMU 的投入、产出向量。若模型的最优解使得 s^-、s^+ 满足 $s^-=0$,$s^+=0$,$\theta=0$,则该决策单元为 DEA 有效。

(2)第二阶段(随机前沿分析)

在传统 DEA 基础上,利用随机前沿分析法(SFA)验证环境变量和随机因素的影响。在本阶段需要重点关注松弛变量,构建 SFA 模型对环境变量进行回归分析,可判断环境因素的影响。

建立松弛变量:

$$S_{ni} = x_{ni} - \lambda x_{ni}, (i = 1, 2, \cdots, I; n = 1, 2, \cdots, N)$$

式中: x_{ni} 为第 i 个决策单元 DMU 的第 n 个投入值; λx_{ni} 为第 i 个 DMU 的第 n 个投入值在效率前沿面的最优映射。

构造 SFA 回归模型:

$$S_{ni} = f(Z_i; \beta_n) + v_{ni} + \mu_{ni}, (i = 1, 2, \cdots, I; n = 1, 2, \cdots, N)$$

式中: Z_i 和 β_n 分别表示环境变量及其系数; $v_{ni} + \mu_{ni}$ 是混合误差项, v_{ni} 表示随机干扰项, μ_{ni} 表示管理无效率。

调整投入变量:

$$X_{ni}^A = X_{ni} + \text{Max} f(Z_i; \hat{\beta}_n) - f(Z_i; \hat{\beta}_n) + \text{Max}(v_{ni}) - v_{ni}$$
$$(i = 1, 2, \cdots, I; n = 1, 2, \cdots, N)$$

式中: X_{ni} 和 X_{ni}^A 分别表示调整前、后的投入; $\text{Max} f(Z_i; \hat{\beta}_n) - f(Z_i; \hat{\beta}_n)$ 是对外部环境因素进行调整; $\text{Max}(v_{ni}) - v_{ni}$ 是将所有 DMU 置于同质条件下。

(3) 第三阶段:调整投入要素后的 BCC-DEA 建模

将调整后的投入变量及产出变量再次运用 BCC-DEA 模型,测算各 DMU 的效率,此时的效率已经剔除环境变量和随机因素的影响,具有相对真实性和准确性,得出同质条件下的真实港口资源效率值。

(三)评价指标体系

1.相关指标及含义

在进行港口资源效率测度和评价时,选取合理的投入和产出指标非常重要。目前,研究界对如何构建指标体系来衡量港口资源效率尚无统一标准,主要依据各自研究重点和关注点来选择可获取的投入、产出指标及环境变量指标。由于港口资源效率评价涉及多个投入、产出、环境变量指标,因此,评价指标选择要遵守一定的原则,从系统性、导向性、可比性、客观性等多个角度考虑评价指标体系构建,以使研究结果具有科学性、准确性和全面性。根据相关文献研究经验,本次深入整理了国内外学者在研究港口资源效率方面采用的投入产出指标,拟从中筛选符合重庆港口资源效率评价需求的相关指标,具体如下:

表1-1 港口资源效率评价主要指标表

指标类别	序号	指标名称	单位
投入指标	1	泊位数量	个
	2	泊位长度	米
	3	堆场面积	平方米
	4	装卸机械数量	台
	5	港作船舶数量	艘
	6	港口员工数量	人
	7	港航建设投资	亿元
	8	港口固定资产额	亿元
	9	港口腹地铁路里程	千米
	10	港口腹地公路里程	千米
	11	港口腹地航道里程	千米
	12	港口集疏运能力	—
	13	物流信息化水平	—
	14	管理服务水平	—

续表

指标类别	序号	指标名称	单位
产出指标	15	货物吞吐量	万吨
	16	集装箱吞吐量	万标箱
	17	水路货运量	万吨
	18	水运周转量	万吨千米
	19	港口吞吐量年增长率	%
	20	集装箱吞吐量年增长率	%
	21	港口主营业务收入	万元
	22	港口营业利润	万元
	23	港口净利润	万元

2.评价指标体系构建

(1)投入、产出指标

港口的基础设施可直接影响港口生产情况。泊位是维持港口正常运营的基础性资源。泊位长度限制了港口在同一时间可停靠船舶的数量,从而影响港口运作效率。当船舶到港后需要进入泊位等待装卸,泊位数量的多少直接影响船舶到港后能否及时进行装卸,充足的泊位数量可以减少船舶的等待时间。因此,泊位数量是港口运作的重要指标之一。此外,堆场是港口堆放货物的场所,堆场面积的大小限制了进出港货物的堆放位置、堆放层次和堆放容量,从而影响港口的操作效率。港口吞吐量是港口运营最直观的产出结果,是一定时期港口吞吐量水平变化程度的动态指标,反映了港口潜在的生产水平趋势。

综上分析,考虑到数据的可获取性,以及满足数据分析的延续性和对比性需要,同时结合重庆港及长江沿线参照港口特点,本研究在选取投入指标时,重点考虑港口岸线土地资源、设施设备和建设投资等3类要素,选择反映港口基础设施服务能力、港口发展规模的生产性泊位数量、泊位长度、仓库面积、堆场面积、装卸机械数量、港航建设投资作为投入指标,选择反映港口运行效率、经营规模的港口货物吞吐量、集装箱吞吐量作为产出指标。

(2)环境变量指标

从世界港口发展历程看,除港口投入和产出指标直接影响港口资源效率外,地区对外贸易、经济发展水平、宏观政策等外部环境也在一定程度上影响港口资源效率。基于此,本次研究主要将两个因素作为环境变量:一是人均地区生产总值(人均GDP),综合反映某地区经济发展水平,既衍生了港口生产需求,又影响港口建设、投资规模等;二是对外贸易额,主要反映贸易活动对港口的需求,在相同的投入水平下港口业务需求会随着对外贸易额的增加而增加。具体评价指标如表1-2:

表1-2 重庆港口资源效率评价主要指标表

指标类别	序号	指标名称	单位
投入指标	1	泊位数量	个
	2	泊位长度	米
	3	仓库面积	平方米
	4	堆场面积	平方米
	5	装卸机械数量	台
	6	港航建设投资	亿元

续表

指标类别	序号	指标名称	单位
产出指标	7	货物吞吐量	万吨
	8	集装箱吞吐量	万标箱
环境指标	9	人均地区生产总值（人均GDP）	万元
	10	对外贸易额	亿美元

三、重庆港口资源效率评价

（一）重庆港口建设发展现状

近年来，重庆紧紧抓住战略机遇，加快推动港口基础设施建设，相继建成中心城区果园、涪陵龙头、万州新田等一批5000吨级大型化、专业化、机械化码头，发展形成了多个集中连片规模化港区。截至2020年底，全港共有生产性泊位610个，生产性泊位长度59411米，港口货物年吞吐能力2.16亿吨，旅客年吞吐能力5304万人次。

1.港口建设情况

（1）分类型

从类型结构看，到2020年底，全市集装箱码头吞吐能力505万标箱，干散货码头吞吐能力1.4亿吨，化危品码头吞吐能力1014万吨，商品汽车滚装码头吞吐能力135万辆，重载汽车滚装码头吞吐能力55万辆,客运码头吞吐能力5304万人次。

（2）分区县

从区县分布看,中心城区、万州、涪陵三大核心港区的货运泊位数约300个,占全市总量的49%,泊位长度约30千米,占全市总量的51%,吞吐能力1.16亿吨,占全市总量的54%。

（3）分江情况

从河流分布情况看,长江干线港口的货运泊位数约占全市总量的71%,泊位长度约占全市总量的77%,吞吐能力约1.86亿吨,约占全市总量的86%。支流港口货运泊位数约占全市总量的29%,泊位长度约占全市总量的23%,吞吐能力约3000万吨,约占全市总量的14%。

2. 港口生产状况

（1）总体情况

近年来,腹地经济社会快速发展以及综合交通网络的形成,带动旺盛的水运需求,促进重庆港货物吞吐量快速增长,全市港口吞吐能力和服务能力不断提升。从2011年开始,重庆港口货物吞吐量连续10年超过1亿吨,年均增长5.4%。2020年,全年港口货物吞吐量完成1.65亿吨,港口旅客吞吐量完成583万人次。

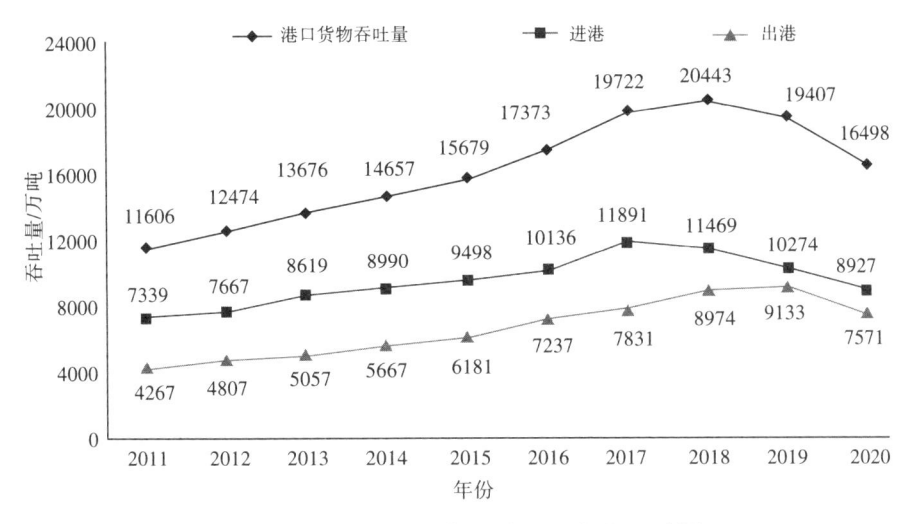

图 1-1　2011—2020 年全市港口货物吞吐量

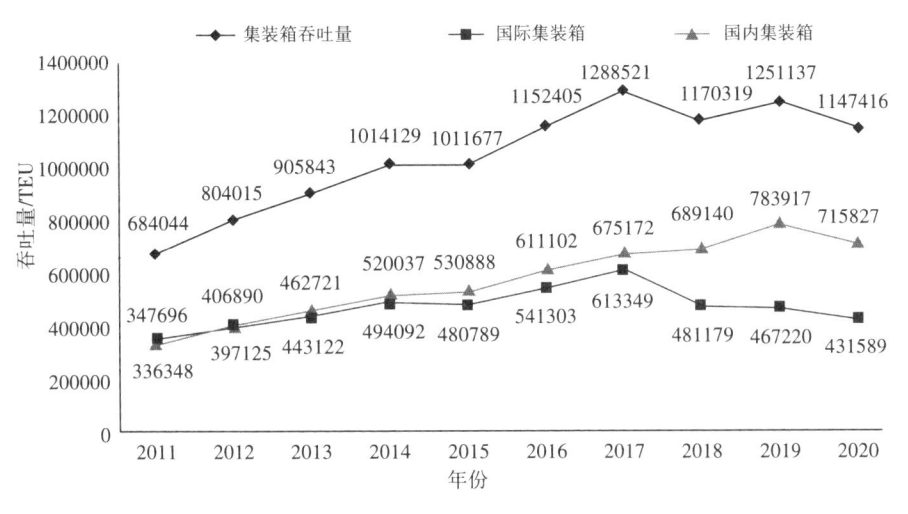

图 1-2　2011—2020 年全市集装箱吞吐量

（2）分货类情况

从港口吞吐量分货类完成情况看，2020年全市完成集装箱吞吐量115万标箱，同比下降8.3%；化危品吞吐量1346万吨，同比增长5%；载货汽车滚装吞吐量7.6万辆，同比下降60.1%；商品

33

汽车滚装吞吐量40.2万辆,同比下降13.3%。

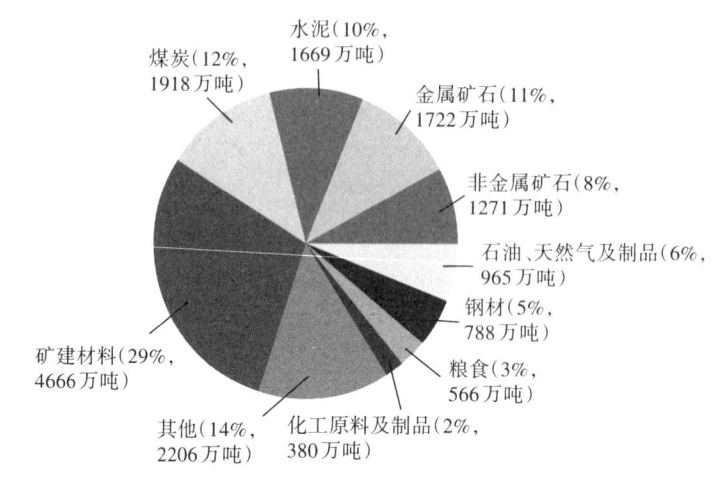

图1-3　2020年重庆港主要货类吞吐量比重图

(二)重庆港口资源效率现状

1.分类型港口资源效率

（1）泊位利用效率

从泊位利用效率上看,全市客运码头平均每个泊位每年完成旅客吞吐量约5.3万人次;货运码头平均每个泊位每年完成吞吐量约35.7万吨,其中,集装箱码头每个泊位每年完成吞吐量约2.9万标箱,干散货码头每个泊位每年完成吞吐量约36.7万吨,化危品码头每个泊位每年完成吞吐量约24.9万吨,商品汽车和载货汽车滚装码头每个泊位每年分别完成吞吐量约4.5万辆、1.9万辆。

（2）岸线利用效率

从岸线利用效率上看,全市客运码头平均每米岸线每年完成旅客吞吐量607人次；货运码头岸线平均每米每年完成吞吐量约3500吨。其中，集装箱码头每米岸线每年完成吞吐量约226标箱，干散货码头每米岸线每年完成吞吐量约3778吨，化危品码头每米岸线每年完成吞吐量约2380吨，商品汽车滚装码头每米岸线每年完成吞吐量约393辆，载货汽车滚装码头每米岸线每年完成吞吐量约173辆。

（3）能力利用效率

从吞吐能力利用效率上看，全市客运码头吞吐能力平均利用率为11%；货运码头吞吐能力平均利用率为76.3%。其中，集装箱码头吞吐能力平均利用率为22.7%，干散货码头吞吐能力平均利用率为91.7%，化危品码头吞吐能力平均利用率为132.7%，商品汽车滚装码头吞吐能力平均利用率为29.6%，载货汽车滚装码头吞吐能力平均利用率为13.8%。由以上数据可知，全市干散货码头吞吐能力利用率已基本饱和，而化危品码头吞吐能力利用率已经饱和，泊位、岸线利用效率相对较高，但集装箱码头、商品汽车滚装码头、载货汽车滚装码头、旅游客运码头吞吐能力相对充足，市场空间仍然较大。

2. 分区县港口资源效率

从港口吞吐能力利用率情况看，全市港口吞吐能力利用率排名前五的港区依次为丰都港区、长寿港区、江津港区、万州港区、涪陵港区，吞吐能力利用率在87%~140%之间，结合部分代表性港口，我们初步分析原因如下：

丰都港区吞吐能力利用率高达近140%，排名全市第一，主要由于丰都是重庆市乃至西南地区重要的水泥及水泥制品生产地,也是全市石子主产地之一,大量水泥制品、矿建材料通过丰都港运往长江沿线城市。因此,由于水泥、石子等大宗散货装卸作业效率较高,加上长江沿线地区对石子等矿建材料需求旺盛,充足的货源为丰都港区港口资源效率提升提供了有力支撑。

长寿港区吞吐能力利用率达到124%,排名全市第二,主要由于市属重点钢企重钢集团位于长寿,铁矿石、钢材及钢制品吞吐量较大。加上长寿港区化危品码头较多,货源有保障,使得港口吞吐能力利用率相对较高。

江津港区吞吐能力利用率达到96%,排名全市第三,主要由于江津港区拥有珞璜、兰家沱两大铁水联运港,历来是重庆辐射四川、贵州等周边地区的重要中转港,大量磷矿、矿建材料、煤炭、粮食等货物通过江津港中转。

表1-3 2020年全市主要港区吞吐能力利用率对比表

港区	吞吐能力/万吨	完成吞吐量/万吨	能力利用率/%	位次
中心城区港区	6259	4236	68	6
涪陵港区	2976	2591	87	5
万州港区	2330	2142	92	4
忠县港区	1773	1100	62	7
长寿港区	1416	1753	124	2
丰都港区	1735	2411	139	1
江津港区	1473	1420	96	3
其他港区	5084	2595	51	—
合计/平均	23046	18248	79.2	—

3.分江港口资源效率

从分江港口吞吐能力利用率看,2020年,全市长江干线港口吞吐能力利用率相对较高,达到86%,其中,中心城区、万州、涪陵、江津、长寿等主要港区吞吐能力利用率普遍达到60%以上。相比之下,全市支流港口吞吐能力利用率明显偏低,仅为16.7%,其中,合川、北碚、巫溪等位于支流的港区吞吐能力利用率普遍低于10%。初步分析,主要原因是支流航道等级普遍较低,船舶吨位较小,港口能力难以充分发挥。如嘉陵江由于井口枢纽建设推进缓慢,尚未实现全线高等级贯通,制约了重庆市北碚、合川等港口以及四川南充、广元、广安、达州等港口通过能力的有效发挥。具体情况详见表1-4。

表1-4 2020年全市港口分江吞吐能力利用率对比表

港区	吞吐能力/万吨	完成吞吐量/万吨	能力利用率/%
干线港口合计	18600	16000	86
支流港口合计	3000	500	16.7

4.重点码头效率对比

(1)集装箱码头

从吞吐能力利用率上看,2020年全市集装箱码头平均吞吐能力利用率为22.7%,集装箱码头建设规模相对超前,明显能力过剩。总体来看,公共集装箱码头能力利用率明显高于货主自备集装箱码头,如重庆港务物流集团下属的中心城区寸滩、果园、万州江南、涪陵黄旗等码头,由于设施设备先进、腹地范围广、集疏运条件好,吞吐能力利用率相对较高。相比之下,江津玖龙、永川理文等货主自备集装箱码头,由于经营范围受限、集疏运条件不佳等因素制约,吞吐能力利用率相对较低。

表1-5　2020年全市主要集装箱码头吞吐能力利用率对比表

港区	吞吐能力/万标箱	完成吞吐量/万标箱	能力利用率/%	位次
中心城区寸滩	154	45.8	29.7	1
中心城区果园	133	34.3	25.8	2
涪陵黄旗	20	4.5	22.5	3
江津玖龙	10	1.6	16	4
合计/平均	317	86.2	22.7	—

（2）干散货码头

总体来看,全市干散货码头能力供给与需求总体适应,码头吞吐能力利用率相对较高,平均利用率达到91.7%。具体来看,目前全市主要规模化、现代化干散货码头实际吞吐量均已超过设计能力,如江津珞璜、中心城区果园、长寿重钢、丰都东方希望、忠县海螺、万州红溪沟等,主要原因是这些港区设施先进、货源充足,集疏运条件也较好。相比之下,部分区县老旧散小码头由于集疏运条件较差,加上港口后方产业发展支撑不足,港口吞吐能力利用率相对较低。

表1-6　2020年全市主要干散货码头吞吐能力利用率对比表

港区	吞吐能力/万吨	完成吞吐量/万吨	能力利用率/%	位次
江津兰家沱	163	270	165.6	6
江津珞璜	162	272	167.9	4
中心城区果园	235	746	317.4	1

续表

港区	吞吐能力/万吨	完成吞吐量/万吨	能力利用率/%	位次
长寿重钢	847	981	115.8	7
涪陵龙头	225	74	32.9	8
丰都东方希望	918	2290	249.5	3
忠县海螺	399	667	167.2	5
万州红溪沟	293	830	283.3	2
其他码头	11009	6938	63	—
合计/平均	14251	13068	91.7	—

（3）化危品码头

目前,全市化危品码头整体处于过饱和状态,多数化危品码头吞吐量均已超过设计吞吐能力,平均能力利用率达到132.7%。由于长寿区、涪陵区为全市主要化工品生产基地,域内化工厂众多,故全市化危品吞吐量较大的码头主要集中在长寿区、涪陵区。从码头所有权来看,目前全市主要化危品码头大多为化工企业自备码头,如中心城区中航油码头、涪陵蓬威石化码头、涪陵宇阳沥青码头等。随着国家生态环保政策和"三区三线"管控趋严,危化品码头规划建设受到较大制约,化危品码头吞吐能力供给日益紧张。

表1-7 2020年全市主要化危品码头吞吐能力利用率对比表

港区	吞吐能力/万吨	完成吞吐量/万吨	能力利用率/%	位次
长寿川维化工码头	70	127	181.4	4
中心城区中航油码头	40	90	225	3
中心城区朝阳河码头	50	50	100	6

续表

港区	吞吐能力/万吨	完成吞吐量/万吨	能力利用率/%	位次
长寿冯家湾	93	150	161.3	5
涪陵中石油码头	9	57	633.3	2
涪陵蓬威石化码头	60	28	46.7	8
涪陵新涪粮油码头	90	88	97.8	7
涪陵宇阳沥青码头	1	31	3100	1
其他码头	601	725	120.6	—
合计/平均	1014	1346	132.7	—

(4)汽车滚装码头

总体来看,目前,全市滚装码头建设相对超前,资源效率提升空间仍然较大,特别是2020年,由于新冠肺炎疫情、宏观经济、产业调整等因素,全市汽车滚装运输行业受到较大影响,全市滚装码头吞吐能力利用率较2019年明显下降,其中,商品汽车滚装码头吞吐能力利用率仅为29.6%,载货汽车滚装码头吞吐能力利用率仅为13.8%。从商品汽车滚装码头吞吐能力利用率看,2020年中心城区果园港吞吐能力利用率达到53%,主要原因是果园港后方布局了重庆长安、现代等众多汽车工厂,且具有良好的铁路和公路集疏运条件。从载货汽车滚装码头吞吐能力利用率看,受新冠肺炎疫情影响,2020年全市载货汽车滚装运输市场受到较大冲击,码头停业时间较长,导致港口吞吐能力利用率同比大幅下降,仅为13.8%。其中,中心城区郭家沱码头吞吐量及能力利用率降幅最大,万州红溪沟、忠县强安滚装码头市场份额及运行效率有所上升。

表1-8 2020年全市汽车滚装码头吞吐能力利用率对比表

港区	吞吐能力/万辆	完成吞吐量/万辆	能力利用率/%	位次
商品汽车滚装码头	135	40	29.6	—
中心城区寸滩	38	3.8	10	2
中心城区果园	66	35	53	1
其他	31	1.3	4.2	—
载货汽车滚装码头	55	7.6	13.8	—
中心城区郭家沱	30	2.1	7	3
万州红溪沟	10	2.8	28	1
忠县强安	10	2.7	27	2

（5）旅游客运码头

总的来看，随着普通水路客运逐步退出历史舞台，目前全市旅游客运码头通过能力总体过剩，但适合大型豪华游轮停靠的游轮码头较为缺乏，旅游客运码头亟待提档升级。从具体数据来看，受新冠肺炎疫情影响，2020年重庆两江游停航两个多月、三峡游停航半年以上，造成全市港口旅客吞吐量大幅下降，旅游客运码头吞吐能力利用率平均仅为11%。从主要港区来看，巫山港、中心城区港、奉节港吞吐能力利用率相对较高，位居全市第一、二、三位，主要原因为巫山神女溪、小三峡，中心城区朝天门—解放碑片区，奉节白帝城等景点客流量相对较大。但中心城区客运码头吞吐能力利用率较往年平均水平大幅降低，主要原因为在新冠肺炎疫情冲击下，三峡游、两江游停航时间较长，旅客吞吐量出现断崖式下跌。

表1-9　2020年全市主要旅游客运码头吞吐能力利用率对比表

港区	吞吐能力/万人次	完成吞吐量/万人次	能力利用率/%	位次
中心城区	1157	215	18.6	2
巫山	721	159	22.1	1
奉节	200	35	17.5	3
万州	988	28	2.8	5
云阳	292	18	6.2	4
忠县	359	9	2.5	6
其他码头	1587	119	7.5	—
合计/平均	5304	583	11	—

5. 沿江省市港口资源效率对比

从港口货物吞吐能力利用率看，2020年长江沿线省市内河港口货物吞吐能力利用率平均值为102.5%，重庆港货物吞吐能力利用率为76.3%，排名第六，居于中等水平。排名前五的省份依次为湖南省、江苏省、浙江省、安徽省、江西省，均为中下游港口，吞吐能力利用率在99%~132.3%之间，实现了吞吐能力充分利用。

从集装箱港口吞吐能力利用率看，2020年长江沿线省市内河集装箱港口吞吐能力利用率平均值为75%，重庆港集装箱吞吐能力利用率为22.8%，明显低于中下游省市。排名前五的省份依次为安徽省、江苏省、浙江省、湖南省、江西省，均为长江中下游港口，吞吐能力利用率在58.1%~141.6%之间，处于较高水平。目前，除江苏省和安徽省集装箱港口利用率超过100%以外，其他省市利用率均不足8成，普遍存在集装箱码头建设相对超前的问题,也间接反映了长江航运目前仍以干散货运输为主的现状。

从泊位及岸线利用效率看,2020年长江沿线省市内河港口泊位利用效率平均值为31.32万吨/泊位,重庆港泊位利用效率为35.71万吨/泊位,略高于平均值。排名前五的省份依次为安徽省、江苏省、湖北省、重庆市、江西省。2020年,长江沿线内河港口岸线利用效率平均值为4713吨/米,重庆港岸线利用效率约3500吨/米,仅为沿江内河港口岸线利用效率平均值的75%。排名前五的省份依次为安徽省、江苏省、江西省、湖北省、湖南省。

表1-10　2020年沿江省市内河货运港口吞吐能力利用率对比表

省份	港口货物吞吐				港口集装箱吞吐			
	吞吐能力/万吨	吞吐量/万吨	吞吐能力利用率/%	吞吐能力利用率位次	吞吐能力/万吨	吞吐量/万吨	吞吐能力利用率/%	吞吐能力利用率位次
上海市	10782	5999	55.6	8	—	—	—	—
江苏省	201724	264106	130.9	2	1186	1388	117	2
浙江省	40754	44009	108.0	3	139	108	77.7	3
安徽省	54413	54095	99.4	4	137	194	141.6	1
江西省	18951	18755	99.0	5	129	75	58.1	5
湖北省	74042	37976	51.3	7	502	229	45.6	6
湖南省	10261	13580	132.3	1	88	67	76.1	4
重庆市	21630	16498	76.3	6	505	115	22.8	7
四川省	8478	1360	16.0	9	250	27	10.8	8
贵州省	3803	23	0.6	10	—	—	—	—
合计/平均	444838	456401	102.5	—	2936	2203	75	—

6.总体评价

(1)港口供给能力规模达到较高水平

近年来,重庆加快推动港口基础设施建设,中心城区果园、万州新田、涪陵龙头、江津珞璜等一批大型化、专业化、现代化码头建成投用,发展形成了多个集中布置、连片开发的规模化港区。同时,加快实施中小码头整合搬迁,全市港口货物吞吐能力供给和吞吐量完成情况均实现快速增长,以港口为支撑的长江上游航运中心初具雏形,港口发展总体水平在长江中上游地区具有明显的比较优势,集装箱、滚装等专业化码头通过能力位居全长江前列。

截至2020年底,全市共有生产性泊位610个,吞吐能力为2.16亿吨,位居沿江省市第四位。其中:散杂货通过能力1.5亿吨,位居沿江省市第五位;集装箱实际通过能力达到505万标箱,位居沿江省市第二位,占全长江的34%;汽车滚装吞吐能力190万辆,位居沿江省市第二位,占全长江的27%;客运码头吞吐能力5304万人次,位居沿江省市第一位,占全长江的22%。

(2)港口码头利用效率在全长江处于中游水平

近年来,重庆港口建设取得长足发展,港口货物吞吐量稳步增长。但是,重庆港口位于山区河流段,加上三峡库区蓄水影响,港口全年水位差高达30米,港口自然条件与安徽、江苏等下游省份的港口相比处于明显劣势。目前,重庆港岸线效率在长江上游地区处于领先地位,与湖南、湖北等中游省份基本相当,但远低于安徽、江苏等下游港口7000~8000吨/米的水平。

从港口资源利用效率看,2020年重庆港泊位利用效率约

35.7万吨/泊位,岸线利用效率约3500吨/米。从港口经济辐射效率看,2020年重庆港货物吞吐量生成率为6600吨/亿元、水运集装箱生成率为46标准箱/亿元,与湖南、江西等中游省份水平基本相当,但与江苏、安徽等下游省份相比有差距。

(3)港口辐射和服务能力不断提升

随着重庆铁公水联运枢纽港建设加快推进,特别是依托全市高速公路网、铁路网、港口集疏运体系不断完善,以港口为节点的大枢纽、大通关运输格局已经基本形成,各种运输方式分工协作、相互促进的效应开始显现。同时,依托两路寸滩保税港区和中国(重庆)自由贸易试验区,重庆港不断拓展服务功能,港口对西南、西北等地区的集聚辐射能力不断增强,为广大西部内陆地区经济社会发展起到重要的服务和支撑作用。2020年,全市水路货物周转量占全社会综合运输量的比重达到68%,四川、贵州等周边省份的货物中转量占重庆港货物吞吐量的比重达到45%,铁水联运比重达到11%,水水中转集装箱比重达到15%。

(4)港口对区域经济社会的支撑作用显著增强

依托中心城区果园、江津珞璜等铁公水枢纽联运港口形成的规模效应,加上国家级新区、内陆保税港区、自贸区等政策叠加优势,水运成本低、运能大、能耗低等比较优势进一步凸显,水运在促进区域经济发展、优化产业布局、带动流域开发、服务对外开放等方面发挥了重要作用。截至2020年底,沿江布局的工业园区占全市的80%以上,制造、钢铁、电力等企业占90%以上,重庆水运承担了川渝地区85%的铁矿石调入量、85%的非金属矿石外运量和90%的外贸集装箱运输量。

(三)基于DEA模型的重庆港口资源效率测度

1. 研究思路及数据处理

(1)研究思路

本次研究选取重庆港及长江沿线其他主要港口作为研究对象,包括重庆港、泸州港、宜宾港等上游港口,宜昌港、武汉港、九江港等中游港口,以及南京港、芜湖港等下游港口,主要采用三阶段数据包络分析(DEA)模型,对重庆及长江沿线主要港口2010年和2020年的港口投入、产出、环境变量指标进行测度评价,以便揭示重庆港及沿江主要港口资源效率在近10年来的变化趋势,同时对比分析长江上、中、下游港口资源效率的空间分布特征,分析港口岸线资源、土地资源、设施设备和建设投资等要素投入对港口规模效率的影响,结合港口发展实际,为重庆港进一步优化资源配置和提升效率提供理论依据。

(2)数据处理

考虑到数据的可获取性、延续性和对比性需要,同时结合重庆港及长江沿线参照港口特点,本研究选取各港口生产性泊位长度、堆场面积、仓库面积、装卸机械数量、港航建设投资作为投入指标,选取各港口的货物吞吐量、集装箱吞吐量作为产出指标,选取各港口城市的人均GDP、对外贸易额作为环境变量指标。

本次研究涉及的港口投入、产出、环境变量指标数据主要来源于2010年和2017—2020年全国交通运输统计资料汇编、中国港口年鉴、中国城市统计年鉴,以及各港口城市的国民经济和社会发展统计公报,但是,由于近年来行业数据统计规则、范围、口径等发生了变化,造成部分港口2020年的堆场面积、仓库面积、装卸机械数量、对外贸易额等数据难以直接获取,因此我们对部分数据进行了酌情修正和换算。整理后的相关指标数据详见表1-11与表1-12:

表1-11　2010年长江沿线主要港口投入、产出、环境变量指标值

港口	码头泊位长度/米	仓库面积/平方米	堆场面积/平方米	装卸机械数量/台	港航建设投资/亿元	货物吞吐量/万吨	集装箱吞吐量/标箱	人均GDP/元	对外贸易额/亿美元
宜宾港	17549	6000	92260	61	2.80	1176	8028	24424	6.53
泸州港	6932	10428	790791	142	1.50	2146	100545	21339	1.33
重庆港	73938	667276	1048787	507	—	11606	684044	34500	124.26
宜昌港	6222	22639	376569	193	3.43	770	61808	52673	17.67
武汉港	20169	842348	2125059	2060	5.13	7602	714769	68315	180.50
九江港	11485	860836	597571	720	17.01	3907	142218	21487	18.15
芜湖港	10278	69405	662775	193	5.25	7473	220451	48306	26.10
南京港	30303	288823	2599691	1227	13.00	17333	1842363	76263	456.01

表1-12　2020年长江沿线主要港口投入、产出、环境变量指标原始值

港口	码头泊位长度/米	仓库面积/平方米	堆场面积/平方米	装卸机械数量/台	港航建设投资/亿元	货物吞吐量/万吨	集装箱吞吐量/标箱	人均GDP/元	对外贸易额/亿美元
宜宾港	3139	6000	92260	62	—	521	120000	61100	19.7
泸州港	5402	302530	724361	114	—	694	160000	50700	7.1

47

续表

港口	投入指标					产出指标		环境变量指标	
	码头泊位长度/米	仓库面积/平方米	堆场面积/平方米	装卸机械数量/台	港航建设投资/亿元	货物吞吐量/万吨	集装箱吞吐量/标箱	人均GDP/元	对外贸易额/亿美元
重庆港	59411	978001	5204135	730	23.00	16498	1150000	78002	664.7
宜昌港	22799	22639	376569	198	—	8119	130000	106069	29.2
武汉港	19436	775045	2122559	2001	36.20	10539	1960000	126687	225.6
九江港	14466	619383	79763	734	4.50	12047	610000	70441	59.1
芜湖港	14186	91421	1240000	460	2.40	13537	1100000	102980	48.7
南京港	28672	289067	2315354	1211	5.90	25112	3020000	159083	485.4

2.效率测度过程

（1）传统DEA港口资源效率测度

按照BCC-DEA模型，利用DEAP软件分别对2010年和2020年的投入、产出原始数据进行计算后，得到2010年和2020年长江沿线主要港口的综合效率、纯技术效率及规模效率值，详见表1-13。

表1-13 2010年、2020年长江沿线主要港口资源效率值

港口	2010年				2020年			
	综合效率	纯技术效率	规模效率	规模报酬	综合效率	纯技术效率	规模效率	规模报酬
宜宾港	0.458	1.000	0.458	递增	1.000	1.000	1.000	不变
泸州港	0.579	1.000	0.579	递增	1.000	1.000	1.000	不变
重庆港	1.000	1.000	1.000	不变	0.544	0.655	0.830	递减
宜昌港	0.311	0.884	0.351	递增	1.000	1.000	1.000	不变

续表

港口	2010年 综合效率	纯技术效率	规模效率	规模报酬	2020年 综合效率	纯技术效率	规模效率	规模报酬
武汉港	0.513	0.561	0.914	递增	0.536	0.569	0.943	递增
九江港	0.329	0.365	0.902	递增	0.862	0.881	0.979	递减
芜湖港	0.733	1.000	0.733	递增	1.000	1.000	1.000	不变
南京港	1.000	1.000	1.000	不变	1.000	1.000	1.000	不变
平均值	0.560	0.851	0.742	—	0.868	0.888	0.969	—

（2）同质环境下港口资源效率测度

将人均GDP、对外贸易额两个环境变量指标作为解释变量，将泊位长度、仓库面积、堆场面积、装卸机械数量、港航建设投资额等5个投入指标的松弛值作为被解释变量，利用Frontier软件构建随机前沿分析法（SFA）回归模型，对环境变量和随机因素对港口资源效率的影响进行验证，结果显示人均GDP和对外贸易额对港口资源效率有显著影响。因此，本次研究根据SFA回归结果，对投入指标进行了重新调整，并再次构建传统DEA模型，得到各港口的真实效率值，详见表1-14。

表1-14 同质环境下2010年、2020年长江沿线主要港口资源效率值

港口	2010年 综合效率	纯技术效率	规模效率	规模报酬	2020年 综合效率	纯技术效率	规模效率	规模报酬
宜宾港	0.348	1.000	0.348	递增	0.502	1.000	0.502	不变
泸州港	0.418	1.000	0.418	递增	0.451	1.000	0.451	递增

续表

港口	2010年 综合效率	纯技术效率	规模效率	规模报酬	2020年 综合效率	纯技术效率	规模效率	规模报酬
重庆港	1.000	1.000	1.000	不变	0.643	0.687	0.936	递增
宜昌港	0.190	1.000	0.190	递增	0.209	1.000	0.209	递增
武汉港	0.540	0.612	0.883	递增	0.521	0.668	0.781	递增
九江港	0.443	0.641	0.692	递增	0.830	0.933	0.890	递增
芜湖港	1.000	1.000	1.000	不变	1.000	1.000	1.000	不变
南京港	1.000	1.000	1.000	不变	1.000	1.000	1.000	不变
平均值	0.490	0.907	0.691	—	0.645	0.911	0.721	—

(四)测度结论及原因分析

1.主要结论

综合分析基于传统DEA模型的重庆港口资源效率测度结果以及经SFA模型调整后的同质环境下港口资源效率测度结果,可得出以下主要结论:

(1)重庆港口资源效率与长江下游港口相比有一定差距

总体上看,2020年长江沿线主要港口资源效率整体处于较高水平,且较2010年效率水平有一定提升。在剔除人均GDP、对外贸易额等环境变量和随机因素后,2020年长江沿线主要港口平均综合效率为0.645,平均纯技术效率和规模效率分别为0.911、0.721;2010年长江沿线主要港口平均综合效率为0.490,平均纯技术效率和规模效率分别为0.907、0.691。相比之下,在剔除环境变量和随机因素影响后，2020年重庆港口平均综合效率为0.643，平均纯技术效率和规模效率分别为0.687、0.936，与芜湖、南京等下游港口资源效率差距较大，与武汉、九江等中游港口资源效率基本相当，略高于宜宾、泸州等四川港口。

（2）与2010年相比重庆港口资源效率基本保持稳定

无论是否考虑环境变量和随机因素影响，2010年重庆港口综合效率、纯技术效率和规模效率均达到1，处于长江沿线港口资源效率前沿。相比之下，2020年重庆港综合效率仅为0.643，位于相对靠后位置。从效率构成看，相比2010年，重庆港综合效率和纯技术效率下降幅度较大，主要原因是近10年来重庆港口建设处于跨越式发展阶段，港口通过能力大幅提升，但在三峡船闸拥堵等因素制约下，港口吞吐量增速有所放缓。同时，近年来交通运输部统计数据口径发生变化，若考虑未纳入交通运输部统计的港口吞吐量，目前重庆港口实际效率与2010年相比基本保持稳定。

（3）环境变量和随机因素对港口资源效率的影响较大

通过对有无环境变量和随机因素影响两种条件下的港口资源效率对比分析发现，在不考虑环境变量和随机因素影响时，2020年长江沿线主要港口综合效率达到0.868，较2010年的0.560有大幅提升。但是，在考虑环境变量和随机因素影响后，2020年长江沿线主要港口综合效率仅为0.645，港口规模效率由0.969下降至0.721，说明人均GDP、对外贸易额等环境变量对港口规模效率有较大影响，也说明长江沿线港口近年来存在投入结构与规模不相匹配的情况。具体来看，环境变量和随机因素对中上游港口的影响比对下游港口的影响更大,在剔除环境变量和随机因素影响后,宜宾、泸州、重庆、宜昌、武汉等中上游港口的综合效率真实值基本上都处于较低水平,且普遍存在规模效率低于纯技术效率的情况,说明中上游港口的规模效应明显不足且提升相对缓慢。

2. 原因分析

(1)受自然条件限制,重庆港口资源效率整体偏低

重庆港地处山区河流段,且港口码头多为大水差码头,受三峡枢纽调度影响,港口全年水位落差高达30余米,港口自然条件远不如中下游港口,与中下游港口相比天然处于劣势。同时,由于专业化的干散货码头装卸效率普遍高于集装箱、滚装及件杂货码头装卸效率,与长江沿线省市港口特别是中下游省市港口相比,重庆港的大宗散货码头比例偏低、件杂货码头比例偏高,造成重庆港口整体效率相对偏低。从具体数据来看,2020年长江经济带省市内河港口吞吐能力为45.4亿吨,其中:散货吞吐能力为39.3亿吨,占比约87%,集装箱吞吐能力为5.5亿吨,占比12%,滚装吞吐能力为5797万吨,占比1%。相比之下,2020年重庆市港口吞吐能力为2.1亿吨,其中:散货吞吐能力为1.5亿吨,占比为71%,较长江经济带省市内河港口平均水平少10个百分点;集装箱吞吐能力约为3800万吨,占比达到18%;滚装吞吐能力约为2000万吨,占比达到10%。可见,重庆港的散货码头能力明显偏低。

(2)重庆港口资源效率存在一定结构性问题

总体上看,目前重庆港口的吞吐能力利用情况是饱和的,未

出现整体明显过剩问题,港口发展规模与经济社会发展水平近年来总体处于动态平衡状态,但各类专业化码头存在忙闲不均现象,出现了结构性的过剩或紧缺问题。具体来看,2020年全市港口货物吞吐能力利用率达到78.6%,高于国家行业规范60%~70%的正常水平。但是,重庆主要专业货类码头的港口资源效率存在结构性问题,例如干散货、化危品码头能力利用率相对较高,2020年,干散货码头能力利用率达到91.7%,化危品码头能力利用率达到132.7%。集装箱码头建设规模适度超前,出现能力过剩的情况,集装箱码头吞吐能力利用率为22.7%。受新冠肺炎疫情、宏观经济形势、运输方式调整等影响,商滚码头吞吐量增速放缓,重滚码头吞吐量、旅客码头吞吐量出现下降,商品汽车滚装码头吞吐能力利用率为29.6%,载货汽车滚装码头吞吐能力利用率为13.8%,客运码头吞吐能力利用率为11%。

(3)外部条件差异造成重庆各港区效率高低不一

受航道条件、综合交通、腹地范围、配套产业、城市规划等因素制约影响,重庆各港区的港口资源效率水平差异较大,长江干线港口资源效率明显高于支流港口资源效率。从重庆港口资源效率现状来看,2020年全市港口吞吐能力利用率为76.3%,利用率排名靠前的港区主要为丰都、长寿、江津、万州、涪陵等长江干线港区,利用率高达87%~140%,利用率排名靠后的港区主要为合川、武隆、永川等支流港区,利用率普遍不到50%。经初步分析发现,效率较高的港口一般具有良好的航道条件、对外集疏运条件和旺盛的腹地货源需求,比如中心城区、长寿、涪陵、万州等港口具有较好的产业发展基础,港口后方重化工、冶金、电力、建材等产业发达,港口与主要腹地的综合交通集疏运条件也较好。港口资源效率不高的港口一般存在航道水深不足、集疏运条件不好、临港产业和腹地货源不足等问题,比如合川、武隆港区分别位于嘉陵江、乌江支流,航道的船舶通行能力天然不足;云阳、奉节港区在当地煤炭开采关停后,港口货源锐减,造成港口资源利用效率逐年下降。

(4)通道网络不畅影响重庆港口资源效率的整体提升

根据前述DEA模型测度结论,目前重庆港规模效率已经达到较高水平,港口综合效率不高的主要原因是纯技术效率太低,存在投入冗余、产出不足的情况。重庆港作为长江上游乃至我国西部地区的对外开放门户,是长江经济带、西部陆海新通道和"一带一路"联动发展的战略支点,因而重庆港的腹地应涵盖我国广大西部以及长江沿线地区,但是目前重庆港主要对外联系通道均存在一定制约问题。例如,长江黄金水道存在瓶颈制约,三峡船闸通过量超过设计能力近50%,造成水运在综合交通运输中的比较优势被严重削减;长江宜宾至泸州段航道等级太低、嘉陵江和乌江航道尚未全线高等级贯通,制约了重庆港对四川、贵州、云南等地区货物的集散能力;对外国际货运班列通道能力不足,川黔、渝怀、兰渝、襄渝等铁路存在标准偏低、运能饱和、运价过高等问题,制约了重庆港与中欧班列、西部陆海新通道的协同发展。因此,如果不采取有效措施改善对外通道条件,扩大重庆港腹地范围,提升港口对腹地货物的集散服务能力,将难以有效提升港口产出,从而提升港口资源效率。

(5)港产城协同不够制约港口发展和效率提升

近年来,随着重庆城市建设步伐加快,不少既有码头已处于城市中心区域,包括中心城区寸滩、东港、茄子溪以及涪陵黄旗、万州江南沱口等建成不久的现代化专业货运码头。由于地处城市区域,现有城区货运码头后方陆域紧张,港口功能拓展空间严重不足,进港铁路、公路集疏运通道难以新建、改扩建,造成港口装卸、转运等传统功能以及配送、加工、商贸等现代服务功能均难以拓展,临港物流园区建设以及冶金、制造等临港经济产业发展更是受限。综合分析,未来随着城市化进程持续发展,现有城区货运码头持续发展和效率提升将面临更大困难,很有可能被逐步搬迁外移、功能退出或转变。同时,由于不少散小老旧码头年代远、涉及利益主体多,即使已经处于闲置状态,整合退出难度也较大,拉低了全市整体港口资源效率。此外,受生态环保、国土用地等因素制约,新建重点港口项目通过环境评估、获得批复将越来越难,或将制约重庆港口资源效率持续有效提升。

四、重庆港口资源效率提升思路与任务

(一)形势需求

1.形势分析

(1)经济社会快速发展将带动大宗物资运输需求增长

目前我国城镇化率已经超过60%,重庆市城镇化率达69.5%,四川省城镇化率达56.7%,云南、贵州省城镇化率均不到

55%。随着成渝地区双城经济圈建设战略深入实施,在以国内大循环为主体、国内国际双循环相互促进的新发展格局里,成渝地区将成为我国加快推进新型城镇化的重点区域。结合国内外城镇化发展历史规律以及国家重大战略和相关政策导向,总体判断长江上游地区将继续处于城镇化的加速阶段,其城镇化增速将明显高于全国平均水平,预计到2030年成渝地区城镇化水平将达到70%以上,成为全国五大超级都市圈之一。随着川渝地区城镇化快速推进,区域城镇人口规模将持续扩张,消费结构将不断优化调整,这不仅会带动房地产、交通、市政等基础设施投资增长,还将推动汽车等现代化耐用品产业的发展,将带来大量的建材、冶金、电力、金属制品等重工业原材料需求,以矿建材料、煤炭、铁矿石、非金属矿石为主的大宗散货运输需求将保持稳定增长。

(2)区位优势不断凸显将推动港口吞吐量保持稳定增长

成渝地区位于"一带一路"和长江经济带交会处,是我国西部人口最密集、产业基础最雄厚、创新能力最强、市场空间最广阔、开放程度最高的区域,在国家发展大局中具有独特而重要的战略地位。随着成渝地区双城经济圈、新时代西部大开发、交通强国建设试点等多重战略深入实施,成渝地区经济社会发展将驶入快车道。地区经济社会快速发展为重庆港发展需求持续增长创造了良好条件。同时,随着重庆及周边地区铁路、高速公路等综合运输体系的不断完善,特别是嘉陵江、乌江、涪江、渠江等支流航道进一步拓展延伸,铁公水组合优势将得到充分发挥,水运服务范围将进一步扩大,其运量大、成本低、节能环保等优势将在外贸物资运输和大宗物资跨区域调运中发挥关键作用。预计未来较长时期内长江上游地区货运需求总体规模将保持稳定增长,但受三峡航运瓶颈的制约,将呈现高基数上的中低速增长态势。

(3)产业转型升级发展将推动专业化运输需求加速增长

当前,川渝地区总体上正处于工业化中期向后期过渡阶段,一段时期内,冶金、化工、汽车、机械、电力等传统工业及制造业仍具有一定发展空间。展望未来,以信息技术为代表的科技革命将带来产业的深刻变革,将赋予川渝地区工业化新的发展内涵,推动传统制造业转型升级,向若干先进制造业和服务业产业集群不断演进。同时,随着地区产业结构优化升级,适箱货比重将大幅提高,加上铁公水枢纽港建设加快推进,港口集疏运条件不断改善,集装箱运量持续增长趋势不会改变。此外,随着地区间的分工与协作加强,西部和东部沿海地区间物资流通将不断增加,内贸集装箱运输需求将强劲增长。在内外贸快速发展的推动下,集装箱将成为川渝地区货运需求增长最快的货类。

2.需求预测

目前,重庆港的主要腹地范围——川渝地区已基本形成了以重庆、成都为核心枢纽节点,以铁路、高速公路、长江航道为骨架的东、西、南、北四个方向的对外综合运输通道体系,区域对外物资交流量约5亿吨。从运输方式看,铁路、公路和水运承担的物资交流量各占约三分之一,水运在综合运输中的地位与作用逐步提升,货运量占比持续增长。从运输方向看,川渝地区对外物资交流量主要集中在东、南、北三个方向,东向通道为主通道,完成运量约占总量的50%,水运量在东向通道中占比约65%。从发展趋势看,东向的沿江综合运输大通道是长江上游地区经济发展的命脉,是其通往国内、国际市场的低成本出海通道,重庆港作为川渝地区对外运输核心节点的地位与作用将得到进一步巩固和强化。

根据未来一段时期国内外宏观经济发展形势,综合考虑重庆港腹地的经济发展趋势、城镇化和工业化发展阶段、产业布局与结构调整趋势以及综合交通体系承载能力,课题组综合运用区域对外交通量分析法、回归分析法、因果分析法、弹性系数法等定量分析方法,对重庆港腹地货运需求发展水平进行了预测。初步预测2025年重庆港口货物吞吐量将达到2.3亿吨,集装箱港口吞吐量约200万标箱,港口吞吐量铁水联运比例将达到15%,水水中转比例将达到18%,周边地区货物经重庆港中转比重达到50%以上。预计到2035年,重庆港口货物吞吐量将达到3亿吨,集装箱港口吞吐量约500万标箱,港口吞吐量铁水联运比例将达到20%,水水中转比例将达到30%,周边地区货物经重庆港中转比重达到60%以上。

(二)提升思路

1.总体思路

按照"三个好"和"四个一流"总体要求,紧扣新形势下国家及区域发展重大战略需要,结合区域经济社会、产业结构布局、综合立体交通等基础条件,围绕全面提升重庆市港口资源效率总体目标,通过统筹做好港口岸线资源使用、港口产业城市发展,加快完善港口对外对内综合运输通道网络,有序推进港口和物流基础设施建设,提升港口运营管理水平,发展壮大临港产业集群,加强港口对外开放合作,全方位提升重庆港口资源利用效率,促进港口高质量发展,努力将重庆港打造成长江中上游领先、全长江一流的内河强港。

2. 基本原则

统筹融合。加强港口与城市功能布局、经济产业布局、综合交通的统筹协调发展,促进港口、产业、城市融合。同时,注重区域协同,打破地区和市场分割,推动川渝港口一体化,推进港口要素优化和相互协调发展。

科技引领。应用物联网、云计算、大数据、移动互联网等信息技术,推动信息化与港口生产、服务、管理各环节全过程融合,提高港口运行效率和服务水平。推进港口、航道、海事、海关、船闸等部门的信息互联互通,提升重庆港航服务效率和水平。

质效提升。加快港口基础设施建设、技术改造、港口设备更新,积极推广循环经济发展模式,强化能源节约和环境保护,节约、集约利用港口岸线资源,提高全市港口资源利用效率和港口企业经营效益。

制度创新。充分利用政策优势、城市依托、综合服务能力等软资源,开展政策制度创新,破解体制约束,推动全市港口整合发展,强化港口软环境建设,构筑大通关体系,提高港口服务效率,引领区域发展,为重庆港口转型发展注入新活力。

(三)重点任务

1.完善运输通道网络

(1)畅通长江干线主通道

目前,三峡船闸已持续10年超设计能力运行,过闸船舶严重拥堵已呈常态化并日益加剧,船舶平均待闸时间目前达到8~10天,三峡船闸通过能力不足已成为制约重庆港发展的最大瓶颈,严重影响了重庆港口资源效率的充分发挥。建议市政府继续加大呼吁力度,联合长江上游其他省份高位推动,形成合力,争取国家在"十四五"期间启动三峡水运新通道建设,从根本上解决重庆港发展的瓶颈制约问题。在新通道建成之前,建议市级部门加强与长航局、三峡通航管理局等管理部门的沟通衔接,争取对进出中心城区果园、万州新田、涪陵龙头、江津珞璜等枢纽港装卸作业的江海联运船舶实施优先过闸。同时,加快推进长江干线重庆至宜昌段4.5米水深航道建设、宜宾至重庆段重点碍航水道整治等工程,强化重庆港在长江上游泸州、宜宾、水富等港口与长江下游上海、宁波等港口之间的链接作用,助力提升重庆港口整体运行效率。

(2)推动重要支流航道成网

建议市政府抓住成渝地区双城经济圈建设战略机遇,统筹协调交通、发改、规划、城乡建设、生态环境等部门,联合四川共同推进嘉陵江井口枢纽项目以及涪江渭沱、富金坝、安居等船闸扩能升级改造工程,彻底打通嘉陵江流域航道瓶颈。建议加快推进乌江彭水船闸改扩建工程前期工作,联合贵州省积极争取交通运输部资金支持,争取在"十四五"期间开工建设,推动乌江全线提升航道等级至三级标准。建议加快推进小江、綦江、大宁河等重要支流航道整治及梯级渠化工程前期工作,提升重庆港对腹地节点型城市产业和矿区的服务能力。建议积极推动国家将"川渝黔桂水上大通道"纳入西部陆海新通道战略,利用嘉陵江、长江、乌江、乌北运河、北盘江、红水河、西江、平陆运河,构建西部陆海新通道——"川渝黔桂水上大通道",形成西部地区纵贯南北的水运出海大通道。近期,研究论证构建"渝西地区水上环线",通过局部人工运河打造串联琼江、关溅河、平滩河、濑溪河的水上纵贯线,形成涪江—琼江—人工运河—濑溪河—沱江—长江—嘉陵江—涪江水运环线通道。远期,在渝西地区水上环线基础之上,联合四川共同构建"成渝地区水上大环线",通过打造遂宁安居—资阳保和人工运河,形成涪江—琼江—人工运河—沱江—岷江—长江—嘉陵江—涪江水运大环线,连接重庆合川、铜梁、潼南以及四川遂宁、资阳、内江、泸州等经济体,构建里程总规模超过1000千米的成渝地区高等级航道网。

(3)完善陆上通道网络

建议加快推动广忠黔、广涪柳、达万利、安张等贯通西南、西北地区的纵向干线铁路建设,以及兰渝、渝西、渝贵、渝桂等高铁建设,有效释放兰渝、襄渝、川黔、渝遂、渝怀等既有铁路货运能力,形成以中心城区果园、万州新田、涪陵龙头、江津珞璜、忠县新生、奉节夔门等港口为枢纽,以东西向长江干线为主轴、南北向干线铁路为骨架的鱼刺形港口集疏运网络,实现重庆港与西南、西北内陆乃至中亚地区的高效联通,有效提升重庆港对西部广阔腹地的辐射效率。同时,加快推进铁路枢纽环线、重点港口的铁路连接线建设以及成渝、渝遂、渝泸、渝邻等高速公路繁忙路段的扩容改造,实现重庆港口与腹地主要城市、园区的快速联通,提升港口枢纽物流集散能力和效率。

2. 有序推进港口基础设施提档升级

(1) 优化调整港口空间和货类结构

综合考虑全市各港区在区位条件、综合交通、产业布局、腹地范围等方面的特点和差异,结合各港区辐射范围、经营品类等客观需求,建议加快推进全市港口空间布局调整,重点发展中心城区、万州、涪陵等核心港区,充分发挥其区位优势突出、资源容量大、承载能力强等优势,引领带动全市港口岸线资源整体利用效率提升。

同时,建议在加快提升港口资源效率的目标导向下,按照"专业分工、强散优集"的总体思路,加快推进各港区货类结构专业化分工和调整,不断提升港口专业化水平,加快建设专业干散货和化危品码头,适度调控集装箱、汽车滚装码头规模,谨慎发展综合性多用途码头,促进港口资源配置效率整体提升。

(2) 加快建设干散货、化危品码头

由于目前全市干散货码头吞吐能力利用率已基本饱和,化危品码头已经超负荷运转,吞吐能力利用率相对较高,全市干散货、化危品码头吞吐能力已呈总体不足态势。由于中心城区两江四岸的货运码头功能退出或转移,中心城区港区规模化专业散货码头日益紧缺,同时,随着城市进一步发展,万州红溪沟等散货码头已处于城市中心区域,既制约港口功能充分发挥,也影响城市发展。因此,建议加快推进中心城区洛碛、黄磏、万州新田、涪陵龙头、江津兰家沱等专业散货码头新建及改扩建以及长寿江北、涪陵石溪等化危品码头建设,提高港口专业化、规模化水平,并同步完善集疏港铁路、公路建设,促进港口通过能力和利用效率的有效提升。

（3）合理调控集装箱、汽车滚装码头规模

目前,全市集装箱、汽车滚装码头能力相对充足,不少码头通过能力利用率提升空间仍然较大。因此,建议加快推进中心城区寸滩、郭家沱、万州江南、涪陵黄旗等城区码头功能转型或转移,合理调控全市集装箱、滚装码头能力总体规模。同时,建议加快完善中心城区果园、万州新田、涪陵龙头等港口铁路集疏运通道以及口岸、物流、商贸、服务等功能性设施设备建设,扩大港口辐射范围,提升港口运行效率,强化枢纽港口的集聚辐射能力,推动全市集装箱、滚装码头利用效率的持续提升。

（4）推动旅游客运码头提档升级

长江三峡游轮旅游和中心城区两江都市游是重庆旅游的独特优势和亮丽名片,对提升城市形象、扩大城市影响力具有重要作用。近年来,随着重庆旅游客船大型化、豪华化趋势不断加快,旅游客运码头靠泊能力不足、登离船条件不好、码头服务品质不优、客运码头经营效益不佳等问题日益突出。因此,建议加快推进寸滩游轮母港综合客运枢纽建设,依托自贸试验区、保税港区免税、免签等优惠政策,打造游轮综合服务、商务会展、全球采购等于一体的游轮总部经济。同时,加快推进朝天门旅游集散中心和配套功能建设,提档升级丰都名山、忠县石宝寨、万州

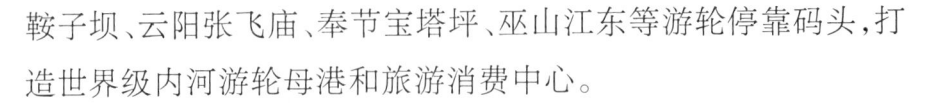

鞍子坝、云阳张飞庙、奉节宝塔坪、巫山江东等游轮停靠码头,打造世界级内河游轮母港和旅游消费中心。

3.提升港口运营管理水平

(1)优化港口物流组织体系

受三峡枢纽通过能力瓶颈制约,长江上游港口物流组织模式正面临诸多挑战,亟须加快优化以重庆港为核心的江海联运和铁水联运体系,创新长江上游港口物流组织模式。建议统筹优化江海联运组织模式,在巩固现有沪渝直达快线基础上,进一步加强重庆港与武汉港、南京港、上海港、宁波舟山港等长江中下游港口的合作,优化货源组织和中下游挂靠港点,无缝衔接离境港的近远洋航线,提升江海联运服务水平,加快推动重庆港至洋山港集装箱、重庆港至宁波舟山港大宗散货直达航线发展,强化重庆港在长江水运体系中的枢纽港地位。同时,建议联合四川、贵州、云南等省份,大力发展水富、宜宾、泸州等上游长江干线港口以及嘉陵江、乌江、金沙江等支流港口至重庆港口的水水中转运输。

建议依托果园、新田、龙头、珞璜等枢纽型港口,加快建设国家物流枢纽,推动中欧班列、陆海新通道班列与长江班轮的铁水联运发展,推进云、贵、川、陕、甘等西部省份至重庆港的铁水联运发展,完善以港口为核心节点的铁路联运体系,提升重庆港对西南、西北内陆腹地的集聚辐射效率,巩固提升重庆港在国家综合运输体系和全球物流供应链中的地位和作用。

(2)建立港口联合统一调度机制

近期,建议依托重庆港务物流集团,积极推进重庆港统一调度平台建设,对进出中心城区、涪陵、万州、长寿、江津等港区的所有船舶进行统一联合调度,最大限度缩短船舶进出港和等待泊位的时间,缓解在三峡船闸检修期间以及洪水、大雾等恶劣天气情况下船舶集中进港作业拥堵情况。

远期,建议推动港口与航道、海事、海关、铁路、水利、电力等管理部门以及与四川、贵州、云南等周边省份港口的横纵联合,打造长江上游地区港航统一调度平台,推动区域港口生产调度一体化,提升港航协同发展效率。

(3)推动港口智能化发展

近期,建议以中心城区果园、万州新田、涪陵龙头、江津珞璜等枢纽型港口为重点,加快推动港口基础设施、管理运营智能技术升级和改造,充分利用5G、北斗、大数据、区块链、RFID(射频识别)等信息技术,提升新技术、新工艺在智能装卸、理货、运输、仓储等各种港口作业场景中的应用。同时,深化港口管理无纸化应用,逐步推动全市港口采用电子数据信息技术,取代传统纸质单证运作模式,推动全市港口业务单证无纸化、网络化。

远期,建议逐步整合全市港口生产、物流、交通等数据,构建集管控系统、设备管理、码头运营管理、能源管理、物流商贸为一体的港口运营管理信息系统,建设重庆港口"智慧大脑",同时,借鉴上海、天津、宁波等沿海智慧港口建设经验,适时在果园港、新田港、洛碛港等港口开展自动化码头建设试点,通过科技创新和信息化提升港口作业效率。

4. 推动"港产城"融合发展

(1)发展现代临港产业集群

建议依托中心城区果园、洛碛等区位优势突出、承载能力强的枢纽型港口,做大做强鱼复工业园、黄茅坪汽车产业园、龙兴工业园、重庆国家级经开区等产业园区,打造汽车工业、先进制造、现代装备、新材料等特色产业集群。同时,依托万州新田、涪陵龙头、长寿江北等港口,加强区港联动、港产互动,大力发展盐气化工、粮油加工、新材料、新能源等产业,推动港口与产业、城市融合发展,为提升港口资源效率创造良好基础条件。

(2)完善港产城融合发展机制

建议借鉴上海、青岛、武汉、南京等港口发展经验,加强老旧港区搬迁、能力转化和退出,以及老港区土地腾退后提升利用方向、开发模式、产业体系等发展制度研究创新,通过建立低效退出、奖惩联动、准入考核、实施监管等措施,实现港口岸线、土地等存量资源的科学利用和保值增值,切实推动中心城区寸滩、万州江南、涪陵黄旗等老港区转型升级发展,以及临港产业深度开发、沿江产业链式集聚发展。

5. 加强对外开放合作

(1)推动长江上游港口一体化发展

建议依托重庆港务物流集团、四川港投集团,牵头组建长江上游港口联盟,深化重庆港与四川泸州港、宜宾港、南充港、云南水富港等长江上游港口合作,推动以资本为纽带,以互补业务、增量业务为重点的合资合作和业务协同,推动长江上游地区港口资源实现统一调度、协同管理、信息共享、技术互助,进而实现长江上游地区港口资源效率的整体提升。

(2)加强长江沿线港口联动发展

建议加强重庆港与武汉港、南京港、上海港、宁波舟山港等长江中下游港口的协作,吸引长江中下游及沿海港口企业参股建设重庆地区港口。同时,加快推动沿江省市海关通关互认、港航海事行政管理互认等,联合提升沿线港口间船舶、货物运输及装卸效率,推动长江经济带港口资源优化配置,实现长江港航物流效率进一步提升。

(3)积极融入国家战略通道建设

建议抓住国家战略发展契机,加强重庆港与新加坡港、钦州港等西部陆海新通道港口合作,加密重庆港至陆海新通道沿线港口班列,积极开发陆海新通道回程货物,以铁路大通道运量增长带动港口吞吐量增长。同时,加强重庆港与四川、甘肃、陕西、新疆等内陆地区的无水港之间的合作、共建,联合打造内陆地区物流集散中心,提升内陆地区供应链运行效率,扩大重庆港的经济腹地和辐射范围,促进重庆港口资源效率最大化。

五、重庆港口资源效率提升政策建议

(一)加强港口规划与管理

在市级层面,建议加强全市港口码头建设的市级统筹和规划约束,严格按照"多规合一"的要求,在国土空间总体规划指引下,推动土地利用、城乡规划、综合交通等各类规划的衔接协同,科学开展与港口发展相关的市级规划的编制、修编与实施工作。

同时，做好港口规划建设与市场实际需求协同发展，按照一次规划、分步实施原则，动态调控港口建设实施时序，切实保障港口与城市持续协调发展。

在区县层面，沿江区县在编制城市总体规划、土地利用总体规划时，要坚持港口规划优先的理念，不断推动临港产业布局规划与港口规划相衔接、相适应，为港口产业协同持续发展预留空间。相关区县在出让涉港岸线、土地时，严格按照港口规划出让相关岸线及土地，优先保障重点港口建设项目岸线、陆域及临港产业用地需求，避免出现港口岸线及土地浪费、圈占等问题，促进临港产业集聚集群发展，助推港、产、城一体化发展。

(二)合理调控港口发展规模

总体来看，由于水陆域条件、地形地貌、库区地质灾害等影响，加之重庆境内涉及的自然保护区、湿地公园、风景名胜区、生态保护红线等生态敏感区数量多、范围广，重庆市港口岸线资源十分稀缺。因此，建议市政府加强港口岸线、用地管控，合理控制港口资源开发利用总规模，研究建立以港口资源利用效率评价为核心的港口岸线使用审批管理制度，根据经济社会发展需要，动态调控港口项目建设开发时序，不断巩固提升港口岸线资源对重庆城市地位跃升的战略性支撑作用。

具体来看，针对集装箱、汽车滚装等建设规模相对超前、吞吐能力利用率较低的码头类型，建议在全市集装箱、汽车滚装港口总体吞吐能力利用率达到60%～70%前，适当控制新的集装箱、汽车滚装码头审批、建设,防止港口规模过度超前。同时,严格控制邻近区域内相同功能类型的码头建设,在现状码头吞吐能力利用率达到80%~90%前,原则上在相邻30~50千米范围内不启动同类型的港口码头新建或者改扩建。

(三)推进港口资源深度整合

近年来,四川、湖北、江西、安徽、江苏等沿江省份均已基本完成省域范围内的港口资源整合,长江干线港口间的竞争合作关系正发生深刻变化,港口一体化发展成为大势所趋,且势在必行。在此大背景下,建议深化港口供给侧结构性改革,优化完善港口建设、投资、运营、管理机制,从行政资源、港口资产和运营管理等方面全面推进全市港口资源深度整合,推动重庆港发展从"规模速度型"向"质量效益型"转变,提升港口岸线利用效率,进而提升重庆港在长江干线的整体竞争力。

考虑到全市港口资源整合的历史进程和现实条件,近期,建议以重庆港务物流集团为主体,充分发挥上市公司优势,采用股权划转、购买、托管等方式,整合其他港口建设、集疏运专用通道建设等主体,组建市级港口投资建设运营集团,负责全市重点港口的投资、建设、改造及运营管理等,重点推动实施中心城区果园、万州新田、涪陵龙头、万州新田等枢纽港的统一投资、建设、改造、运营。远期,建议以市级港口投资建设运营集团为核心,采用股权购买、参股建设、合作经营方式,逐步推进全市港口资源深度整合,对市域范围内其他国有码头、货主码头、私营码头进行兼并、重组，全面提升全市港口资源集约化、规模化利用水平。

(四)完善港口岸线使用管理制度

为强化重庆市港口岸线资源的综合利用和规划管控，保障港口岸线资源的合理开发与利用，建议借鉴广东、安徽等省份的经验，积极探索港口岸线使用管理制度创新，探索港口岸线有偿使用制度，出台港口岸线经营办法，以市场化方式从源头上避免港口码头盲目建设行为，促使长期闲置和亏损的老旧港口码头自行有序退出，提高港口岸线利用效率和集约节约利用水平。

近期，建议加快开展全市港口岸线资源使用情况全面普查，收集港口码头行政审批、利用现状等资料，全面、准确、系统地掌握全市港口岸线资源开发利用情况，建立全市港口岸线资源信息数据库，对港口岸线资源利用情况实施动态跟踪管理与评估，为推动港口岸线资源价值化创造前提条件。远期，建议加快开展全市港口岸线资源分等定级工作，建立完善岸线资源价值评估体系、动态调整机制，研究全市港口岸线有偿使用范围、标准、期限等，完善港口岸线使用管理办法，推动岸线资源合理配置、岸线综合效益不断提升和港口经济可持续发展。

(五)实施老港区改造及退出支持政策

近期，建议借鉴国内上海、大连等港口发展经验，加强对重庆港口岸线资源管控，统筹港口岸线存量与增量，推动港口岸线、陆域等资源集约节约利用,重点用好用足市级水运发展专项资金,提高专项资金额度、拓宽补助范围,将老旧码头功能退出、散小码头整合等纳入补助范畴,加快解决城市区域港口铁矿石、煤炭、砂石、硫黄等进出港规模较大和港口作业对城市环境不利影响较大等问题。

远期,建议针对城市区域港口退出货运功能、实施城市化改造的老旧码头以及散小码头整合利用的新建港口码头,研究并实施相关土地开发、资金补偿等一系列配套政策体系,对拟退出的合法港口码头,由相关区县政府在对港口码头进行评估后给予合理补偿,同时,市级水运发展专项资金按照一定比例予以补助。

重庆航运绿色生态发展对策研究

CHONGQING HANGYUN LÜSE SHENGTAI FAZHAN
DUICE YANJIU

重庆航运绿色生态发展对策研究*

（2022年2月）

党的十九大报告强调，必须树立和践行绿水青山就是金山银山的理念，坚持节约资源和保护环境的基本国策。这是把握新发展阶段，贯彻新发展理念，构建新发展格局的必然要求。2020年12月，中央经济工作会议把做好碳达峰、碳中和工作列为2021年八项重点任务之一，并写入2021年政府工作报告。2021年3月，《中华人民共和国长江保护法》正式施行，为扎实推进长江大保护和长江航运绿色发展提供了根本遵循。

为贯彻落实习近平总书记关于长江经济带建设的重要讲话精神和对重庆提出的营造良好政治生态，坚持"两点"定位、"两地""两高"目标，发挥"三个作用"和推动成渝地区双城经济圈建设等重要指示要求，坚持稳中求进工作总基调，立足新发展阶段、贯彻新发展理念、构建新发展格局、推动高质量发展，重庆航运要深入践行习近平生态文明思想，以绿色发展为底色，坚持走可持续、高质量发展之路。深入开展航运绿色生态发展专题研究，对重庆长江上游航运中心深入贯彻绿色发展理念，保护长江

---

* 课题组组长：吴家农；课题组副组长：钟芸、马明媛；课题组成员：张斯婧、肖刚、陈佳、薛飞龙、李咏春、蒋正施。

生态环境,科学实现碳达峰、碳中和目标具有重要意义。当前,重庆航运已到了新的转型发展时期,如何协调处理资源、环境与发展的关系,促进重庆航运绿色生态发展,充分发挥水运优势,为区域经济社会发展提供有效支撑,将成为推动重庆航运高质量发展的一项重要工作。

因此,从绿色生态港口建设、清洁低碳船舶及装备推广应用、生态航道建设与养护、绿色运输组织方式发展等方面入手,分析国内外航运绿色生态发展经验,围绕全市港口岸电、老旧码头转型、船用LNG(液化天然气)、港口船舶污染防治、岸线生态修复等行业重点、热点问题深入分析,开展重庆航运绿色生态发展对策研究,既有重要意义,也十分必要。

一、基本理论及相关概念

(一)绿色生态航运的产生背景

绿色生态航运是随着人的环境保护意识增强逐渐发展而来的。绿色生态航运强调减少航运发展对环境的不利影响,提高航运业的能效标准,满足可持续发展要求。该研究主题的产生背景主要有全球气候环境问题、可持续发展理念的提出、生态文明建设要求三个方面。

1.全球气候环境问题

全球气候逐渐变暖,对人类生活环境、身体健康产生了不利影响。联合国通过国家间的框架协议,明确要求各国消减温室气体的排放量,通过控制石化燃料的使用,提高清洁能源的使用,降低单位产品的能耗,加强环境保护,提高交通部门的能源效率等方式开展。交通运输行业环境的负外部性明显,是当前节能减排工作的重点。交通运输行业发展加快了物资交换的进程,极大地促进了经济的发展,但对环境的破坏性影响也日益凸显,主要体现为:一是对环境的排放影响,包括温室气体和空气污染物的排放;二是土地利用和能源资源消耗、污染物排放量大。五种运输方式中,水运和铁路对环境和生态平衡的影响相对较小。

2.可持续发展理念的提出

可持续发展是指既满足当代人的需要,又不对后代人满足其需要的能力构成危害的发展。为了实施可持续发展战略,1992年,154个国家签署了《联合国气候变化框架公约》,1994年正式生效。1997年颁布补充条款《京都议定书》,突出船舶管理制度。2009年的《哥本哈根协议》提出到2050年船舶二氧化碳排放减少到4亿吨,2080年实现零排放。2015年11月,联合国气候变化大会在巴黎召开,习近平在大会上提出发展低碳交通的理念,提倡在交通运输行业中融入可持续发展理念。可持续发展对航运业实现绿色生态发展提出了新的要求。

3.生态文明建设要求

习近平总书记在党的十九大报告中指出:"加快生态文明体制改革,建设美丽中国。……生态文明建设功在当代、利在千秋。我们要牢固树立社会主义生态文明观,推动形成人与自然和谐发展现代化建设新格局,为保护生态环境作出我们这代人的努力!"习近平总书记高度重视长江生态环境保护工作,多次主持召开了推动长江经济带发展座谈会,提出要把恢复长江生态环境作为当前和今后相当长一个时期发展的首要任务。

交通运输行业对能源的消耗量大,是贯彻生态文明建设的重点实施领域。2017年,交通运输部印发了《推进交通运输生态文明建设实施方案》,文件要求把绿色发展理念融入交通运输发展的全过程和各方面。航运是长江流域水资源开发利用的重要内容,推动航运绿色生态发展,实现航运与生态环境的共生共赢,既是生态文明建设的具体举措,也是建设美丽中国的必然要求。

(二)绿色生态航运的定义及特征

绿色生态航运是一个全方位、动态发展中的概念。关于其定义及内涵目前业界有多种观点。一般来讲,绿色生态航运要求从可持续发展的角度出发,它是一个循环物流系统,是一个由正向物流和逆向物流组成的完整系统,主要包括绿色港口、绿色航道、绿色船舶、绿色运输组织等多个方面。

1.绿色生态航运的由来

绿色生态航运理念最早于21世纪初被提出。起初,一些航运业专家认为,绿色生态航运仅限于在航运活动中进行相应的航运管理,以实现节能减排。可持续发展理念提出后,绿色生态航运开始注重航运与资源、环境等要素的整合与协调,促进航运与经济、社会、环境的协调发展,最终实现"代际公平"。

随着国际国内对绿色生态航运发展越来越关注,相关国际组织机构制定了大量关于绿色生态航运发展的规章制度,为绿色生态航运发展指明了方向。欧盟委员会于2019年底颁布《欧洲绿色协议》,宣布到2030年将碳排放量减少50%~55%,到2050年实现净零碳排放,为欧洲港口及物流运输提供了明确目标。欧洲海港组织(ESPO)于2019年在挪威奥斯陆绿港大会上发布了欧洲港口十大环境优先事项,之后各相关国家政府及组织机构制定了一系列政策和举措。

2. 绿色生态航运的定义

目前,航运业界对绿色生态航运与可持续航运、绿色低碳循环航运等基本概念还没有作出严格的区分和界定,对绿色生态航运的认识侧重点也各有不同,但业内一致认为绿色是航运发展的战略目标和手段。目前,业界关于绿色生态航运的主流观点如下:

①绿色生态航运应该考虑各方面的要素,比如在船舶角度应考虑船舶燃油排放、水污染等,在船舶公司角度应考虑航运效率与成本,在战略布局层面应考虑枢纽港、航线选择与规划等。

②绿色生态航运更加注重环境维度,而可持续航运则同时注重环境以及社会和经济层面。绿色生态航运是可持续航运的必要条件。

③绿色生态航运既要求经济效益与保护环境的有机结合，又强调航运效益与环境的协调，以满足可持续发展的要求。绿色生态航运从各个层面都强调航运业如何实现低碳环保、绿色生态、可持续发展理念。

综合以上分析，课题组将绿色生态航运定义为：在航运相关产业的生产运营和服务过程中，贯彻绿色生态理念，积极履行法律责任和社会责任，采取综合技术和管理措施，节约资源和能源，保护环境和生态，应对气候变化，实现经济效益与生态环境可持续发展的航运业态。

3.绿色生态航运的特征

绿色生态航运的特征主要体现在以下两方面：

在绿色方面，将现代航运业经营的所有环节与生态环境问题联系起来，深入分析航运系统的运行机理、发展战略和运营模式，争取形成一个完善的循环物流系统，将可持续发展的内涵与环境保护结合起来。

在生态方面，其特征在于将航运与生态有机结合起来，航运产业以资源节约和环境友好为目标，以保护生态环境为首要任务，采用科学管理手段和现代化信息技术，协调处理好各环节之间的关系，促进航运产业的高效发展。

（三）绿色生态航运的构成要素及内涵

1.港口

(1)绿色港口的定义

根据交通运输部发布的《绿色港口等级评价指南》，绿色港口是指在生产、经营和服务过程中,贯彻绿色发展理念,积极履行法律责任和社会责任,采取综合技术和管理措施,节约资源和能源,保护环境和生态,应对气候变化,符合绿色港口评价要求的港口。

(2)绿色港口的内涵

从绿色港口的定义可知,绿色港口是一个相对的、发展中的概念,其包括了从港口规划、设计、建设到运营的所有环节。绿色港口建设需要在港口的经济效益、环境影响两者之间找到平衡点,要求当代人在追求经济利益的同时注重环境保护和生态平衡,既要满足当代人的需要,又不能危及子孙后代的需要,提高能源和资源利用的合理性,实现可持续发展。绿色港口的内涵主要体现在以下几个方面:

社会性方面,作为港口城市的重要交通节点,绿色港口的建设和发展必须考虑到区域经济发展的现状,适应当前社会经济发展的需要,实现经济与环境协同发展。在社会实践中,港口城市的经济发展水平在很大程度上影响着绿色港口转型升级的步伐,而绿色港口的发展不仅能提高港口的竞争力,还能助推港口城市的经济发展。

经济性方面,港口是城市经济发展的重要驱动力,发展绿色港口将产生巨大的环境效益,但如果一味地强调环境保护投资,不考虑投资后作业效率的提高以及运营成本降低所产生的经济效率,就难以保证绿色港口的长期平稳运营。

技术性方面,绿色港口是新理念、新能源、新技术的象征,代表着各专业技术的交叉和融合。绿色港口的发展需要以各种创新理念和技术为支撑,港口建设管理者需要将技术性理念融入实际生产活动。绿色港口技术是港口节能减排的关键所在。目前,绿色港口技术主要集中在岸电设备、绿色能源技术和自动化集装箱码头系统、污染物接收等方面,并在港口的生产实践活动中逐步得到推广应用。

(3)绿色港口等级评价

目前,我国部分省市已经开始按照交通运输部印发的《绿色港口等级评价指南》(2020)开展绿色港口等级评价工作。绿色港口等级评价主要从绿色港口发展理念、绿色港口建设行动、绿色港口建设管理、绿色港口建设效果4个方面进行。"理念"是指导绿色港口发展的思想,"行动"是为建设绿色港口采取的具体技术措施,"管理"是为建设绿色港口采取的管理措施,"效果"是绿色港口建设水平的体现。

2. 航道

(1)绿色航道的定义

按照《绿色交通设施评估技术要求》,绿色航道是指在航道全生命周期内,以可持续发展为理念,进行技术经济论证及自然环境影响分析,通过适当、合理的规划设计、施工建设和维护管理,在满足基础功能需求的基础上,最大限度地控制资源占用,降低能源消耗,减少污染排放,保护生态环境,以品质建设和提高运行效率为重点,促进航道与资源、环境、社会协调发展的航道形态。

(2)绿色航道的内涵

根据绿色航道的定义,绿色航道需要将保护环境、循环发展和节能减排的理念贯穿于规划、设计、施工和运营的全生命周期中,全面提高航道建设和运营的能源利用效率,集约利用土地和岸线资源,降低能源消耗,减少二氧化碳和污染物排放,实现可持续发展。绿色航道的内涵主要包括以下三个方面:

航道设计方面,主要涵盖航道的总体设计、岸坡系统设计、疏浚及土方工程设计、航标设计,将绿色环保理念纳入各项设计中,如岸坡设计考虑生态护岸,尽量利用自然型岸坡,保留自然生态景观。

航道施工方面,航道施工要消耗能源和资源,也会对生态环境产生影响,因此绿色航道施工需要因地制宜,进行节能低碳分析、资源节约分析、环境友好分析和生态保护分析,在此基础上,最大限度地降低能源和资源的消耗,减少对生态环境的影响。

航道养护管理方面,绿色航道养护管理阶段是航道工程生命周期中最长的阶段,也是航道功能发挥的重要阶段,应采取保护周边生态环境和生态补偿修复措施等预防措施,以减少对航道沿线生态环境的不利影响,维护航道两岸景观。

3. 船舶

(1)绿色生态船舶的定义

绿色生态船舶的定义有狭义和广义之分。

根据中国船级社发布的《绿色生态船舶规范》(2020),可以将绿色生态船舶的狭义定义界定为:采用先进技术在其生命周期内能安全地满足其预定功能和性能,同时实现提高能源使用效率、降低温室气体(GHG)排放、减少或消除对人类健康危害和生态环境污染和破坏,提升资源有效循环利用,并对操作和使用人员具有良好保护的船舶。

而广义地讲,绿色生态船舶应当体现在船舶设计、制造、使用、报废和再制造的绿色生命循环中,以安全、高效、节能、环保为主要指标,强调在船舶设计中,应广泛采用绿色材料以及标准化、模块化零部件或单元,充分考虑加工制造过程中的材料利用率。同时,还必须考虑船舶产品在营运寿命终止后,报废、拆解不对环境造成负面影响,以及部分材料、零部件和设备能够再生利用。此外,还包括为在航运经营管理中提高能效,有计划地实施严格标准,以实现船体性能、船体结构与材料、船舶动力与设备系统、船舶防污染、综合能效管理等更加优化的相关公约、法规、认证体系等。

(2)绿色生态船舶的内涵

按照绿色生态船舶的定义,绿色生态船舶的内涵主要体现在环保、节能、舒适性和友好性三个方面:

环保方面,绿色生态船舶必须减少对海洋、陆地和大气环境的污染和破坏。这一目标可以从多个方面实现:首先,在船舶的设计、建造和维护中,可以使用对人体健康和生态环境无害的"绿色"材料;其次,在船舶运营过程中,要加强对燃油等的管理,严防泄漏,以免造成环境污染和破坏;再次,在确保安全稳定的前提下,利用清洁能源替代传统非可再生能源,减少温室气体排放和大气污染。

节能方面,绿色生态船舶必须能够尽可能降低能源消耗,特别是要减少对非可再生能源的消耗。这个目标可以从两个方面来实现:一是采用新的发动机技术和提高燃油效率;二是通过科技手段,提高船舶的运营管理水平,降低能耗。

舒适性和友好性方面,绿色生态船舶在船体结构设计、船舱布局和设备安装等方面,必须充分考虑船舶航行时产生的振动和噪声,最大限度地减少振动和噪声对船员及乘客健康的危害。同时,要通过技术创新,尽可能提高船舶的自动化、智能化水平,降低船员的劳动强度和工作压力,让船舶的操作者和使用者感受到绿色生态船舶的舒适性和友好性。

4.运输组织

(1)绿色运输组织的定义

运输组织是运输系统的重要支持,是运输系统正常运作不可缺少的组成部分,一般包括运输行政管理组织和运输生产经营组织。运输组织在运输系统中发挥着计划、组织、协调、控制、经营、决策等作用,从而保证运输系统有效地满足社会需要,促进社会经济发展。

绿色运输组织指的是通过减少转运环节以及各运输组织方式的合理、优化搭配,实现物流降本增效,减少物流环节污染物的排放,降低能源消耗的运输组织方式。铁水联运、江海直达、干支直达等都属于绿色运输组织方式。加快发展绿色运输组织是深化交通运输供给侧结构性改革的重要内容,对于提升长江黄金水道功能和构建现代综合交通运输体系具有重要作用。

(2)绿色运输组织的内涵

按照绿色运输组织的定义,绿色运输组织的内涵主要体现在运输生产经营组织方面。运输生产经营一般指运输方式的组织与衔接。目前,常用的运输方式主要有铁路、公路、水路、航空、管道等五种。如何在各种运输方式中选择合适的运输方式是物流合理化的重要问题。一般而言,应根据物流系统所需的服务水平和允许的物流成本来确定。同时,"散改集""散改罐"等新型先进运输方式快速发展,也将显著提升运输过程的环保水平。

多式联运是利用现代化的组织手段,将各种单一运输方式有机地结合起来,打破各个运输区域和各种运输方式的局限,是现代管理在运输业中运用的成果。一般认为,多式联运需要包括两种及以上的运输方式,而且其中必须有水路运输方式,如铁水、公水、铁公水多式联运。多式联运是目前公认的最环保、集约、高效的运输组织方式,也是绿色运输组织方式的重要组成部分和代名词。

二、国内外航运绿色生态发展现状、趋势及经验借鉴

(一)国内外航运绿色生态发展现状及趋势

1. 港口

(1)发展现状

①国外。

美国各港口很早就把绿色、生态、环保等理念纳入到码头设计、建设和日常运作中,在全球率先实施港口绿色行动,制定严

格的港口绿色法规。美国纽约—新泽西港作为率先执行《巴黎协定》的港口，制定了温室气体减排计划，承诺到2025年将温室气体排放量减少35%，到2050年减少80%。洛杉矶港在其发布的《2019绿色可持续发展规划》中计划到2025年实现温室气体减排50%，到2050年实现温室气体零排放。长滩港作为"绿色港口"的倡导者之一，在绿色港口建设方面取得的成就令世界瞩目，是全球绿色港口建设的楷模。

日本政府在港口规划布局阶段就体现了对环境保护、港口生态发展的重视，如东京港先后5次制定基本规划，对环境保护、资源节约、灾害防治等给予重点关注，旨在打造环境宜人、生态和谐的高质量港区。在广岛港的规划布局中，港口及码头用地占比仅25%，公园绿地占比高达28%。东京港在港口建设过程中，注重周边自然生态的保护，为鸟类、鱼类及海岸生物提供了良好的生活空间，充分体现了人与自然的和谐共处。

②国内。

我国在绿色生态港口建设方面主要取得了以下几个方面的成效。一是加强岸线资源集约利用。坚持"深水深用、集约使用、有效保护、持续利用"的原则，合理划分岸线功能，完善岸线资源开发、利用及管理制度，严格分区管理和用途管制，加大生态和生活岸线保护力度，做到岸线开发利用与治理保护有机结合。二是加快推进港口岸电使用。开展码头岸电示范项目建设，加快港口岸电设备设施建设和船舶受电设施设备改造，同时，积极建立健全靠港船舶使用岸电供售电机制，完善港口岸电设施建设相关标准和船舶使用岸电的鼓励政策，实现主要港口码头岸电设施不断完善,岸电使用率显著提升。三是加强港口和船舶污染防治。各地深入践行"生态优先,绿色发展"理念,严格落实污染防治相关政策,加强污染防治监管制度机制建设,加快推进港口与船舶污染物接收、转运及处置设施建设,基本实现船舶生活污水"零排放"。四是加强港口扬尘污水管控。进一步加强码头堆场扬尘在线监测管理,开展干散货码头粉尘专项治理,全面推进主要港口大型煤炭、矿石码头堆场防风抑尘设施建设和设备配备。

(2)发展趋势

港口生产运作不可避免地会对环境造成影响,未来,调节港口和环境的关系将成为绿色港口发展的新方向。绿色港口发展趋势主要体现在四个方面。一是提高自然岸线和陆域利用效率,降低建设、生产对自然生态的影响,调整码头布局(原近城市核心区的码头业务逐步迁移至城市边缘地区,将有更大开发潜力的滨水岸线、陆域转化为城市功能区),实现港城一体化、共荣发展。二是积极采用各种节能减排和防污染技术,推广使用岸电、LNG等新能源、新技术、新设备,降低能源消耗和氮氧化物等排放,有效控制粉尘、废水等对周边环境的影响,提高疏浚土利用效率。三是继续加快生活污水、油污水、液体危化品船舶洗舱水的接收设施建设。四是建立排放控制区,建立港口污染物排放清单,制定严格的排放标准,创建具有示范引领效应的绿色港口。

2. 航道

（1）发展现状

①国外。

在国外，德国、美国、日本等国家相关领域的研究人员先后开展了"近自然治理""河道整治对生态系统胁迫直线的平衡尺度""岸坡植被的小生态环境结构及其作用""河流原生态中生物的生产力维护"等各种有利于河流、航道生态发展建设的理论研究，这些生态整治理论在莱茵河、密西西比河等河流的治理中发挥了重要的作用。密西西比河水系不仅驻有联邦环保署相应机构，陆军工程兵团也有专门负责环保的部门。在项目实施过程中兼顾环保和生态平衡，例如，项目实施和竣工后，必须在环保部门指定的地方进行清淤疏浚，并建立专门的野生动物保护区，甚至应考虑项目施工对周围人口的影响，并采取适当的补偿和措施。为了不破坏生态平衡，湿地保护是一项重要内容，由专门的部门管理。由于采取了许多有效的措施，密西西比河的状况和生态仍然良好。

②国内。

在国内，绿色航道主要指在航道施工过程中遵循绿色施工的相关标准，在保证质量、安全等基本要求的前提下，通过科学管理和技术进步，最大限度地节约资源，并减少对环境有负面影响的施工活动，实现"四节一环保"，即"节能、节地、节水、节材和环境保护"。航道绿色施工作为航道建设和运营使用全周期中的一个重要阶段，是建设绿色航道的关键环节。我国在航道建设中也逐渐将绿色低碳、生态环保的理念运用到航道疏浚、航道整治、渠化工程、径流调节、绞滩、开挖运河航道和通航建筑物建造等航道工程中。

目前,国内在绿色航道建设和发展方面的实践主要包括:长江南京以下12.5米深水航道工程明显改善了长江南京以下航段通航条件,提高了通航能力,提高了大型海轮的实载率,进一步促进船舶运输组织方式优化调整。同时取得了生态型航道的整治经验,创新设计了适合水生生物生长栖息的生态护底、护滩、护岸和堤身等生态结构,在长江水域试验性建设生态鱼巢、浮岛等设施,同类工程中首次在鱼类繁殖期实施停工保护,施工中强化环保监测并落实相关措施,有针对性地实施增殖放流等生态补偿措施。浙江省将绿色理念贯穿于航道建设和运营的全寿命周期,从弃土综合利用、采用绿色低碳装备、装备机械油改电等方面减少建设能耗和环境污染,实现绿色可持续发展。广东省在西江航道升级工程中,大量采用了生态护坡等绿色工程建设工艺,在满足通航标准基础上,构筑透水透气、适合生物生长的生态平台,形成绿色河岸生态体系。江苏省将环境保护和文化保护的理念引入京杭运河航道建设中,将航道打造成为集古代文化和现代文明于一体的公园式休闲场所,取得了良好的效果。

(2)发展趋势

绿色航道发展的趋势主要体现在五个方面。一是在航道疏浚、航道整治、排水排涝、河道整治、绞滩、河道开挖、通航建筑物建造等方面,采用新技术、新工艺、新设备和信息化手段,提高能源、土地、材料的利用效率。二是加强航道施工过程中的环境保护工作,努力减少污染物的排放,确保施工期间污染物达标排放。三是在航运枢纽建设中严格按照有关要求建设鱼道等过鱼设施,在航道整治工程中提高生态护岸技术应用比例,以及运用现代信息技术维持自然河岸的生态景观等,尽可能减少航道设施建设对生态环境的影响。四是在航道建设中,通过采用生态环保、节能减排新技术、新产品、新材料、新装备,促进航道可持续发展。五是在航道运行维护过程中,广泛使用节能环保新产品、新技术,实现低碳、环保、高效。

3. 船舶

(1)发展现状

①国外。

国际海事组织(IMO)针对船舶污染问题出台了一系列公约和标准,如"目标型船舶建造标准"、"压载水管理公约"、"国际安全与环境无害化拆船公约"、"新船设计能效指数"和"船舶能效管理计划"等。国际海事组织于2018年通过《船舶温室气体减排初步战略》,制定了航运业在未来几十年的发展目标,即在2008年基准上,至2030年碳排放量降低40%,2050年温室气体年度总排放量降低50%。欧盟委员会也先后出台了一系列船舶技术研发政策,如《船舶领袖2015规划》(*Leadership* 2015)、《欧盟第六框架计划》(FP6)、《欧盟第七框架计划》(FP7)、船用超低排放燃烧高效率柴油机研发项目(Hercules)和欧洲突破船舶和造船技术研究项目(BESST)等。此外,欧洲各国还致力于研究利用太阳能、风能、液化天然气等清洁能源为船舶提供动力的相关技术。英国政府发布《清洁海事计划》,要求自2025年起订购的所有用于英国水域的新船均应实现零排放的技术设计。德国研制了世界上第一艘风动力货船和世界上第一艘风动力渔船,并研制了一艘太阳能双体船。荷兰开发了船舶气腔系统(ACS)技术,利用气腔代替船底表面,以减少摩擦阻力,提高船舶燃油效率,并在一艘油轮上成功地进行了测试。

在日韩,相关机构组织和造船企业在绿色船舶技术领域也开展了大量研发工作。日本船级社每年都将其总收入的15%左右用于绿色节能技术的研发,并取得了卓越成效,推出了柴油机改进技术、空气润滑技术、混合增压器和低摩擦油漆等多项环保技术和产品。日本三井造船株式会社与三洋电机、三菱重工合作开发了一个利用太阳能发电技术和锂离子电池的混合电源系统,并成功建造了一个混合动力汽车运输船。日本邮船(NYK)公布了其环保概念集装箱船"Super Eco Ship 2030"的突破性设计,该设计将结合船舶动力和减阻方面的新技术,预计将减少约70%的碳排放。在韩国,韩国船级社(KR)成立了世界上第一个绿色船舶技术检验和认证中心,提供一系列相关技术服务,如柴油机、精密设备试验评估和分析,燃烧和排放分析,使用燃料的质量评估和分析,材料腐蚀和防腐评估和分析,热量控制系统、流体应用系统以及混合动力系统评估和分析。

②国内。

随着国际组织在环保方面的相关法规和公约出台,我国政府也意识到绿色船舶运输装备是未来世界绿色生态航运竞争的关键。目前,国内相关单位正积极开展内河绿色船舶及相关技术的研发工作。中国船级社(CCS)早在"十一五"期间就启动了"绿色船舶计划",并主导制定了《船舶能效设计指数(EEDI)验证指南》《船舶能效管理认证规范》《内河绿色船舶规范》《内河船舶能效设计指数（EEDI）评估指南》《燃料电池系统应用指南》《液化天然气燃料加注船舶规范》《绿色船舶规范2015》等技术文件，还开发了"船舶最佳纵倾优化（OTA）系统""基于OTA的自动优化配载系统"等管理系统，取得了较好的经济效益和社会效益。

（2）发展趋势

船舶节能减排是绿色生态航运的主要组成部分。船舶运输装备主要通过新技术的开发应用实现绿色化，未来绿色船舶发展趋势主要体现在四个方面。一是研发新能源动力推进船。新能源动力推进船将新能源作为船舶动力燃料，主要有LNG船、燃料电池船和纯电动船舶三类，与传统船舶相比，新能源动力推进船不仅可以实现零排放，还可以提高船舶的能耗效率，在运输过程中产生的噪声和振动较小，从而提高船员和乘客的舒适度。目前，在能源研发方面，不少国家正在研究将甲醇、甲烷、氨作为船舶燃料。二是研发混合动力船技术。混合动力船是指配备了两种或两种以上动力源的船舶，一般把可再生能源和非可再生能源组合到一起使用。混合动力船具有节能和环保双重优势，不仅可以节约燃油，还能减少船舶燃油污染、废气污染和噪声污染等。三是研发无压载水船与超低压载水船。无压载水船的基本设计理念是拆除压载水舱，使用两个大型管道和水流舱，让海水流动通过水流舱，从而增加螺旋桨推进器的旋转速度，有效降低燃料消耗和污染物排放。四是研发复合材料船。先进复合材料在船体和船舶上层建筑制造中的应用,可以显著降低船舶结构质量,降低船舶重心,提高船舶的稳定性和机动性,节约燃料,最大限度地减少船舶建造和拆解过程中的环境污染。

4.运输组织

(1)发展现状

①国外。

1996年,欧盟理事会和欧盟议会制定了欧洲交通运输网(TEN-T)发展导向,通过对全欧洲内河水运网络进行规划和组织,打通了欧盟成员国之间的内河航道,建立了一个集海运、内河、陆路、航空的多式联运网络,促进了货物流通,提高了集疏运效率。欧洲海港组织(ESPO)提出在尝试简化现行的欧盟铁路法律框架的同时,对铁路和港口及其周边地区进行优化,加强港口与铁路之间的联系。

②国内。

近年来,重庆、武汉、宁波、上海等航运中心城市以集装箱铁水联运为重点,深入开展铁水联运示范工程建设,加快推进铁水、公水等多式联运发展。重庆、四川、广西等地开辟了国际海运、陆海联运、国际班列等有机结合的联运服务模式。武汉、九江、南京等港口发展了干散货、集装箱江海直达运输。长江上游地区的重庆、四川大力发展"散改集""杂改集"等运输方式,水水中转、干支联动成效显著。此外,行业管理部门、港航企业积极利用移动互联网、大数据、云计算等先进技术,积极推进"互联网+"水运融合发展。长江电子航道图、北斗定位系统在航运中被广泛应用。三峡船闸和升船机运行维护管理实现科学有序，嘉陵江梯级船闸实现联合调度，船舶运行效率显著提升。

（2）发展趋势

运输组织在未来的发展趋势主要体现在四个方面。一是加快标准化船型的研制、运用与推广。强化三峡标准化船型的推广与应用，提升内河船型标准化比重，全面提高三峡过闸通航效率。长江上中下游港口企业、航运企业联动发展，加快长江中下游如武汉—宁波、武汉—上海江海直达航线船舶的规模化运输发展，加快重庆—上海江海直达船型的研发和应用工作，真正实现长江上游地区船舶通江达海，提高运输效率。二是大力发展多式联运。依托国际铁路物流大通道和长江黄金水道的运输能力，以集装箱、商品汽车滚装为重点大力发展铁水联运、公水联运。三是积极推动干支联动。积极推动嘉陵江、乌江、汉江、赣江、京杭大运河等与长江黄金水道的联动发展，渠化区域实现船闸联合调度，大力发展水水中转、干支直达等运输方式。四是开发特殊运输新模式，如"水运+冷链班列"的冷链箱联运，长江上大宗散货、液化危险品的顶推船队运输等。

（二）经验借鉴

1.行政上给予重视和引导，推动港口绿色生态发展

随着全球对生态环境的愈加重视，港口作为航运的重要节点，其生态发展问题受到了各国各级政府的重视。联合国、欧盟、国际海事组织、欧洲海港组织以及我国各级政府、部门高度

重视港口绿色生态发展问题,并针对港口绿色生态发展问题制定了各类公约、法规、条款、规划等,以指导港口绿色生态发展。

在国外,联合国制定了《气候变化框架公约》,欧洲海港组织(ESPO)针对港口环境问题制定了港口环境评审体系,北美还建立了绿色港航性能指标体系,从标准上指导港口基础设施建设。节能减排方面,国际海事组织通过设立国际船舶排放控制区来控制和减少港口及沿海区域船舶污染物排放。此外,欧盟、美国也针对船舶在港口的燃油硫排放做了规定限制。新加坡也很注重港口环境保护问题,制定了"绿色港口计划",规定在新加坡港停泊期间使用清洁燃料或是采用符合标准的减排技术的远洋船舶将享受25%的港口规费减免,以行政激励措施促进港口绿色生态发展。

在国内,早在20世纪七八十年代,交通运输部就成立了环境保护办公室和能源管理办公室。相应的,地方交通主管部门和港口管理部门也设立了环境保护和节能减排机构。同时,与港口环境问题相关的各个层级的法规、规划、标准陆续出台,如《中华人民共和国港口法》《中华人民共和国环境保护法》《关于推进长江经济带绿色航运发展的指导意见》《港口建设管理规定》等,对港口绿色发展提出了指导性意见。

2.以保护生态为前提,强调技术创新推动航道运行效率

航道的绿色生态发展,重点是在航道的建设、养护、管理过程中,注重生态保护,从技术提升入手,提升航道的运营效率和生态水平。

在国外,德国、美国、日本等国家相关领域的研究人员先后开展了各种有利于河流、航道生态发展建设的理论研究。这些研究指出,首先要保障河流的生态,以此为前提条件,之后才考虑航道建设和养护问题。在工程实施过程中,国外注重环保和生态平衡,例如疏浚必须在环保部门指定的地点进行,项目实施和完成后必须建立野生动物保护区,考虑项目对周围人口的影响并采取一定的措施或给予适当的补偿。

在国内,航道建设相关工作中同样注重生态保护问题。例如,在长江南京12.5米深水航道建设工程中,工程部门设立生态修复区,实施长江江心沙洲、竹竿法芦苇种植、芦苇种植架、"水魔方"等大型生态工程。此外,采取生态护坡法措施,确保航道生态水平。同时,在保护生态的前提下,国内还采取了科学的水下钻孔爆破方法以及低污染低能耗的建设、疏浚设备进行航道工程施工。

3.以行政和技术手段推动船舶能耗降低

船舶与汽车、火车、飞机相比,具有能耗低、运能大的特点。要推动船舶的绿色生态发展,关键是以技术创新、新能源使用等手段,进一步降低船舶的能耗。

在国外,国际海事组织针对船舶污染问题出台了一系列公约和标准,如"目标型船舶建造标准"、"压载水管理公约"、"国际安全与环境无害化拆船公约"、"新船设计能效指数"和"船舶能效管理计划",以控制船舶污染物的排放,推动降低船舶能耗的相关研究。欧洲各国致力于研究利用太阳能、风能、液化天然气等清洁能源为船舶提供动力的相关技术。日韩等国也投入大量的资金,进行包括柴油机改进技术、空气润滑技术、混合增压器、低摩擦油漆等在内的环保技术和产品的开发,以推动船舶生态发展。

我国也颁布了《中华人民共和国大气污染防治法》《船舶发动机排气污染物排放限值及测量方法》等相关法规及行业规范,以限制船舶污染物排放,推动技术创新,进而创建友好型生态环境。中国长江航运集团主推的"长江绿色物流创新工程"项目取得重大成果,该项目重点改造的液化天然气/柴油双燃料船也已在重庆成功试航。长江省际客运游轮也通过技术革新实现了油电共同驱动,降低了船舶能耗和船舶噪声。

4. 多种运输方式协同发展,提升运输组织效率

运输组织强调交通各个板块的相互配合,港口、航运、铁路运输、公路运输以及其他运输方式和要素对运输组织效率都具有重要影响。而运输组织效率又直接影响港口生产、航运、铁路运输乃至地方经济发展。推动多种运输方式的协同发展,是提升运输组织效率的重要手段。

在国外,欧盟理事会和欧盟议会制定了欧洲交通运输网(TEN-T)发展导引,通过对全欧洲内河水运网络进行规划和组织,打通了欧盟成员国之间的内河航道,再从内河航运出发,建立了一个集海运、内河、陆路、铁路、航空的多式联运网络,促进了货物流通,提高了集疏运效率。同时,欧洲海港组织还对铁路和港口及周边地区集疏运体系进行优化,强化了港口和铁路的关系,促进了铁水联运的发展。

在国内,"一带一路"倡议以及"长江经济带"等国家战略提出后,各级政府和部门对多式联运、集疏运建设等的重视程度不断提升,并采取一系列措施进行了实质性推动。如重庆、武汉、上海等长江航运中心城市均强调多种运输方式的协同发展,利用长江黄金水道、国际铁路大通道等通道优势,大力发展多式联运,提升船舶标准化率,同时着重建设港口集疏运设施,解决港口"最后一公里"问题,实现了公铁水空多种运输方式的联动发展,各类运输方式运量均有提升,水运的比较优势也得到凸显。

三、重庆航运绿色生态发展现状及评价

近年来,重庆航运始终坚持把习近平新时代中国特色社会主义思想作为思想武装,始终把习近平总书记对重庆提出的营造良好政治生态,坚持"两点"定位、"两地""两高"目标、发挥"三个作用"和推动成渝地区双城经济圈建设等重要指示要求作为行动指南,深学笃用习近平生态文明思想,认真落实"共抓大保护、不搞大开发"要求,坚定不移走生态优先、绿色发展之路,全面贯彻落实交通运输部和市政府关于节能减排和环境保护的工作部署,切实增强"上游意识"、担起"上游责任",推动重庆航运绿色生态发展取得显著成效。

(一)指标体系构建

1.构建原则

构建绿色生态航运评价指标体系需要遵循全面性与针对性

相结合的原则,保证选择的评价指标能够全面且有重点地体现绿色生态航运工作内容。同时,指标选取还要遵循稳定性与动态性相结合、定性与定量相结合、可操作性与可比性相结合、时效性与前瞻性相结合的原则,确保评价指标全面、真实、客观、易于计算且容易获取。构建评价指标时需要遵循的原则如下:

(1)全面性与针对性相结合原则

评价指标体系要全面覆盖节能、减碳、省资、控污、生态等各个领域,统筹综合港口、航道、船舶、运输组织等各种航运要素和各个环节,要体现航运绿色生态发展总量控制、结构调整和强度制约等方面的基本要求,将绿色生态文明要求融入重庆航运发展的各个层面。同时,指标选取也要抓住主要领域、主要方面存在的主要资源环境问题以及这些问题的关键表征,突出重点目标的导向作用和引领作用。

(2)稳定性与动态性相结合

在满足航运绿色生态发展要求的前提下,指标应尽量与既有政策、文件和规划要求接轨,体现绿色生态发展和管理要求的稳定性。同时,受发展水平和发展程度制约,现有指标有可能存在不全面、不准确、难比较、有重复等方面问题,应作出调整、优化和补充,以动态发展的眼光审视航运绿色生态发展的实际需求。

(3)定量与定性相结合

指标体系构建应优先选用绝对性、可量化的指标。但在实际工作中,航运绿色生态发展的部分特质可能难以用数据定量表达甚至缺少数据支撑,对此可采用半定量或定性指标替代。

定量指标与定性指标相互结合、相互补充,更能全面、客观地反映航运的绿色生态发展水平。

(4)可操作性与可比性相结合

重庆航运绿色生态发展评价指标在管理上应具有可比性和可操作性,即要有准确清晰的概念和内涵、可靠的数据来源、可行的计算方法和进行时空比较的基本要件。

(5)时效性与前瞻性相结合

针对同一问题,从不同维度提出的评价指标可能存在差异,应首先选择时效性较强的考核指标。另外,考虑到国家、行业及区域节能减排和环境保护形势的变化、政策要求的发展趋势等,指标选择还需具有一定的前瞻性和针对性。

2.评价指标体系构建

(1)体系框架

评价指标体系框架设计是对重庆航运绿色生态发展情况进行系统性解构的过程,需要充分考虑绿色生态航运体系中港口、船舶、航道、运输组织等各个子系统之间的特征及关联性,对航运绿色生态发展情况进行逻辑上的分层和拆分。

课题组在借鉴国内外相关文献研究的经验基础上,采用层次分析法、类比法和专家法等方法,主要从指标特性、属性、内涵、关联性等方面,对国内外现有绿色生态航运发展指标进行了梳理和分类。同时,结合定性和定量分析需要,采用"分层构架、逐层展开"的方式,遴选出符合重庆特色及实际、满足本次研究需要的绿色生态航运评价指标。总体来看,本研究所构建的评价指标体系主要分为总体层、系统层、状态层三个层次,系统层解析为绿色港口、绿色航道、绿色船舶、绿色运输组织等四大系统,状态层主要反映子系统的状态,指标层则指可以直接度量的具体指标,其整体框架详见图2-1:

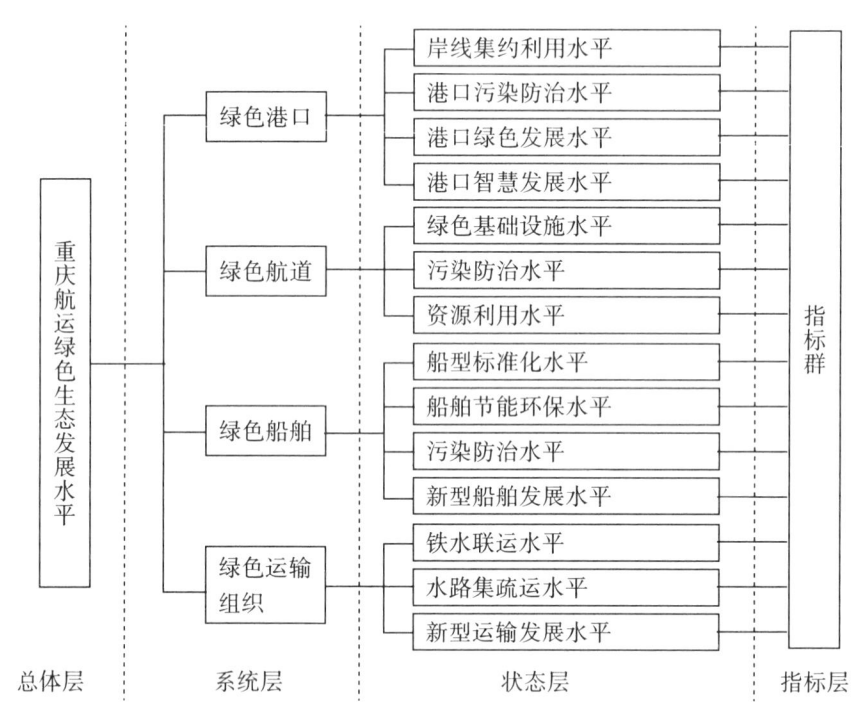

图2-1 重庆航运绿色生态发展体系框架图

(2)指标体系(见表2-1)

表2-1 重庆航运绿色生态发展评价指标体系表

序号	系统层	状态层	指标层
1	绿色港口	岸线集约利用水平	港口单位岸线通过能力
2			泊位利用效率
3			岸线利用效率
4			吞吐能力利用率

续表

序号	系统层	状态层	指标层
5	绿色港口	港口污染防治水平	船舶垃圾、生活污水、含油污水接收设施覆盖率
6			船舶污染物接收、转运处置设施覆盖率
7			港口粉尘综合防治率
8			港口污水纳管或自处理达标率
9		港口绿色发展水平	港口生产单位吞吐量综合能耗
10			港口可绿化面积绿化覆盖率
11			泊位岸电覆盖率
12			靠港船舶使用岸电比例
13			靠港船舶具备岸电使用条件比例
14		港口智慧发展水平	自动化装卸设备占比
15			智能理货占比
16			主要业务线上受理率
17			主要业务单证电子化率
18	绿色航道	绿色基础设施水平	高等级航道里程
19			高等级航道里程比例
20			航道维护里程比例
21			航标维护正常率
22			自然岸线保有率
23		污染防治水平	水上绿色服务区建设完成率
24			水上绿色服务区岸电覆盖率

续表

序号	系统层	状态层	指标层
25	绿色航道	污染防治水平	水上绿色服务区污染物接收设施覆盖率
26	绿色航道	资源利用水平	疏浚土综合利用率
27	绿色航道	资源利用水平	绿色技术使用率
28	绿色船舶	船型标准化水平	船型标准化率
29	绿色船舶	船型标准化水平	船舶平均吨位
30	绿色船舶	船舶节能环保水平	船舶平均单位周转量能耗
31	绿色船舶	船舶节能环保水平	船舶单位周转量二氧化碳排放率
32	绿色船舶	船舶节能环保水平	船舶氮氧化物排放量下降率
33	绿色船舶	污染防治水平	船舶岸电设施改造率
34	绿色船舶	污染防治水平	清洁能源船舶保有量
35	绿色船舶	污染防治水平	船舶重油设施拆除或封存率
36	绿色船舶	污染防治水平	船舶生活污水收集处理装置改造率
37	绿色船舶	污染防治水平	餐饮船舶整治完成率
38	绿色船舶	新型船舶发展水平	三峡船型运力占比
39	绿色船舶	新型船舶发展水平	LNG动力船舶保有量
40	绿色运输组织	铁水联运水平	港口吞吐量铁水联运占比
41	绿色运输组织	水路集疏运水平	港口吞吐量水水中转占比
42	绿色运输组织	水路集疏运水平	干支中转比例
43	绿色运输组织	新型运输发展水平	"散改集"运输量

(二)重庆航运绿色生态发展评价

1.港口

(1)发展现状

①港口岸线集约利用水平。

重庆发展情况:截至2020年底,重庆港生产性泊位长度59411米,港口货物年吞吐能力2.16亿吨,实际完成港口吞吐量1.65亿吨,从泊位利用效率上看,2020年全市港口码头泊位实际利用率达到35.7万吨/泊位,约为2010年8万吨/泊位的4.5倍,约为2015年13.3万吨/泊位的2.7倍,重庆港口规模化、大型化、专业化趋势明显。

全长江对比情况:2020年,重庆港口的泊位利用率为35.7万吨/泊位,高于长江沿线省市内河港口货运泊位利用率平均值31.3万吨/泊位,仅次于江苏、安徽、湖北,位居第四位;重庆港口岸线利用效率为3523吨/米,低于长江沿线省市内河港口岸线利用效率平均值4713吨/米。

②港口岸电推广应用。

重庆发展情况:近年来,重庆大力开展内河港口船舶岸电标准技术研究,研究出台了《重庆市码头船舶岸电设施工程技术规范》,统一了长江上游地区大水位差码头船舶岸电设施标准。同时,国网重庆市电力公司大力推进靠港船舶使用岸电示范改造工程,加快长江流域重庆段三峡游"五地八点"客运泊位的岸电建设以及果园港、寸滩港、新田港、珞璜港等主要货运码头的岸电设施改造。旅游码头岸电设施改造采用国内首创的"双供电浮趸"供电方案,克服长江上游江岸垂直落差大、船岸水平位移远、水上设施调整频率高等难题,高质量打造朝天门码头港口岸电示范样板工程。目前,全市具备岸电供应能力的码头泊位达到200余个,泊位岸电覆盖率达50%以上,靠港船舶使用岸电的约占靠港船舶总数的60%,靠港船舶具有使用岸电条件的约占靠港船舶总数的81%。目前,全市港口岸电每年服务船舶数量约2400艘次,岸电使用电量约300万千瓦·时,在长江沿线省市中居于领先地位,全市港口岸电使用均价约1.37元/千瓦·时,有效助力长江大保护和"双碳"工作。

全长江对比情况:2020年,长江经济带11省市累计建成4700个岸电泊位,码头泊位岸电设施的平均覆盖率约为32%。其中,上海港口岸电覆盖率约为79%,江苏港口岸电覆盖率约为47%,安徽港口岸电覆盖率约为80%,江西港口岸电覆盖率约为14%,湖北港口岸电覆盖率约为26%。目前,重庆港口岸电覆盖率为50%,高于全长江平均水平,低于上海、安徽等下游省市港口,与江苏港口基本相当,明显高于湖北、江西等中上游省份港口发展水平。

③船用LNG推广应用。

重庆发展情况:目前,重庆已编制完成《重庆市船用LNG加注码头布点规划》,全市长江干线LNG加注码头已纳入《长江干线京杭运河西江航运干线液化天然气加注码头布局方案(2017—2025年)》,并按照布局方案要求,在巴南麻柳作业区建成投用长江上游地区首座LNG加注码头。该加注码头设计靠泊能力为3000吨级兼顾5000吨级泊位,船舶LNG加注能力为3.4万吨/

年,折合为气态约5000万立方米/年,另拥有6000吨/年LNG杜瓦瓶充装能力、20000吨/年槽车充装能力以及$3.6×10^5$立方米/年燃气输送规模。

全长江对比情况:从全长江看,巴南麻柳LNG加注码头是目前长江沿线投入运营仅有的三座LNG加注站之一。截至2020年底,巴南麻柳LNG加注码头累计为34艘次船舶提供LNG加注服务,共加注船用LNG38.85万立方米,取得良好示范效果。

④港口污染防治和节能减排。

重庆发展情况:在污染物处置方面,目前重庆已按照《长江经济带船舶和港口污染突出问题整治方案》,制定了《重庆市船舶污染物接收、转运、处置联单制度(试行)》,对船舶污染防治进行联合监管,并会同环保、城管、海事部门对主城、合川、永川、涪陵、云阳等重点地区开展联单制度执行情况的联合督查。目前,全市共投入使用11艘多功能船舶垃圾接收船,奉节县等16个区县的船舶废弃物接收处置工程暨清漂码头项目全部建成投用,56座环保不达标码头被取缔关停,254座码头按规范要求完善了污水、垃圾收集和防尘、降噪设施。在洗舱站建设方面,近年来,按照交通运输部《长江干线水上洗舱站布局方案》,重庆加快推进危化品船舶洗舱站建设,完成长寿川维、涪陵泽胜洗舱基地升级扩能改造,年洗舱能力达到700艘次,基本能够满足全市危化品运输船舶洗舱需求。

全长江对比情况:在污染物处置方面,截至2020年底,长江经济带11省市累计建成船舶污染物固定或移动接收设施33872个,长江干线港口船舶垃圾、生活污水、含油污水接收设施覆盖率分别为100%、74.2%、49.1%。相比之下,重庆共建成船舶污染物固定或移动接收设施1624个,占长江经济带11省市总量的4.8%,港口船舶垃圾接收设施与转运设施有效衔接的码头覆盖率达100%,船舶生活污水、含油污水接收设施实现全覆盖。在洗舱站建设方面,目前长江沿线实际建成投用的洗舱站仅有12座,洗舱能力为7800艘次/年,重庆地区建成投用2座,洗舱能力为1200艘次/年,约占全长江总能力的15%。与长江中下游地区相比,重庆港水上洗舱站建设走在前列,在洗舱点布局、洗舱能力、洗舱品种、洗舱价格及效率等方面均有一定优势。在港口作业能耗方面,2020年,重庆港务物流集团万吨吞吐量作业能耗约1.34吨标煤,与长江中上游港口相比有一定优势,但与长江下游港口相比仍有较大差距。

(2)问题及原因分析

①绿色港口建设机制和体系尚不健全。

重庆港由中心城区港区、涪陵港区、万州港区等20余个港区组成,港口空间布局广泛,港口类型和数量众多,绿色港口建设还相对比较零散、不成系统。目前,重庆绿色港口建设发展方面的相关制度和标准还不健全,缺乏标准的、专业化的绿色港口建设统计数据、评估体系,还难以对绿色港口建设的各个环节进行有效、全面的评估。相比之下,江苏省已出台《江苏省绿色港口评价指标体系》,并于2020年全面启动了绿色港口评价工作,共评选出28家绿色港口,打造了"江苏绿色港口"品牌,形成了长江干线绿色港口建设的示范标杆作用。

②港口资源集约利用水平仍有较大提升空间。

近年来,重庆港口建设取得长足发展,但在港口供给规模和能力不断提升的同时,港口货物吞吐量并未呈现同比例增长,与长江下游省市相比,重庆港口资源利用效率仍有较大差距。从港口资源运营效率看,2020年重庆港的泊位利用效率为35.7万吨/泊位,岸线利用效率为3523吨/米。相比之下,同期安徽省泊位利用效率为65.1万吨/泊位,岸线利用效率为7840吨/米;江苏省泊位利用效率为45.9万吨/泊位,岸线利用效率为5853吨/米。

③港口岸电等清洁能源推广应用仍需加快。

据统计,2020年全市港口岸电累计用电量达到629万度,仅为江苏、上海港口岸电使用量的三分之一左右,综合考虑江苏、上海港口岸电使用量包括了较大比例的海轮岸电使用量以及重庆市港口岸电使用量主要为旅游客船(占比90%左右)等因素,可知重庆货运船舶岸电使用情况不够理想。由于港口岸电设施和船舶受电设施是互相配套的,二者互相支持、不可或缺。2021年5月,长航局印发《长江经济带运输船舶岸电系统受电设施改造推进方案》,明确了船舶岸电改造的补贴政策,船舶岸电改造工作随之进入了高速推进阶段。但是,由于全市尚未出台港口岸电使用推进方案,相关补贴标准、补贴要求、补贴程序等政策均不明确,加上港口岸电建设资金筹措压力较大、船舶使用积极性不高等因素制约,重庆港口岸电实际使用情况不佳,港口岸电建设工作推进需要加快。

④港口污染防治和环境保护机制不健全。

根据现行法律法规和体制机制,港口环保工作涉及环保规划、环评、监测、监管、处罚等多个环节,涉及环保、发改、经信、交通、市政等多个部门,但各相关法律法规并未明确港口行政管理部门的职能职责和责任边界,使得港口行政管理部门只是按照"一岗双责"的要求对港口环保工作加强日常监管。

2. 航道

(1)发展现状

①航道建设。

重庆发展情况:近年来,重庆持续推进长江、嘉陵江和乌江国家高等级骨架航道建设,畅通三峡库区小江、梅溪河等重要支流航道,适度延伸次级支流航道通达深度。经过多年建设发展,以长江、嘉陵江、乌江"一干两支"国家高等级航道为主骨架,渠江、大宁河、小江、涪江等支流航道为支撑的重庆航道总体格局已基本形成。到2020年底,全市航道总里程达到4472千米,Ⅲ级及以上航道实际里程突破1100千米,约占长江上游地区Ⅲ级航道总里程的75%。

全长江对比情况:从全长江看,重庆航道总里程4472千米,占长江沿线省市航道总里程的4.9%;高等级航道里程1106.3千米,约占长江沿线省市高等级航道总里程的11.9%;等外级航道2524.3千米,约占长江沿线省市等外级航道总里程的6%。

表2-2　2020年沿江省市内河航道里程对比表

省市	航道总里程/千米	航道总里程位次	高等级航道里程/千米	高等级航道占比/%	高等级航道比例位次
上海市	1871.1	11	475	25.4	1
江苏省	24353.8	1	2422.7	9.9	5

续表

省市	航道总里程/千米	航道总里程位次	高等级航道里程/千米	高等级航道占比/%	高等级航道比例位次
浙江省	9765.7	4	443.3	4.5	8
安徽省	5784.6	6	957.6	16.5	4
江西省	5638	7	459	8.1	7
湖北省	8676.9	5	1970.1	22.7	3
湖南省	11967.7	2	1138.8	9.5	6
重庆市	4472	9	1106.3	24.7	2
四川省	10540	3	299	2.8	9
贵州省	3957.8	10	—	—	11
云南省	5138.5	8	14	0.2	10
合计	92166.1	—	9285.8	9.6	—

②航道管理养护。

重庆发展情况：按照《中华人民共和国航道法》《航道保护范围划定技术规定》等相关要求，目前重庆已发布施行《重庆市地方航道维护标准和要求》《重庆市内河航道养护工程预算编制办法》《重庆市内河航道养护工程预算定额》《重庆市地方航道维护工作考核办法》《嘉陵江、乌江航道保护范围》《重庆市航道及航道设施赔偿标准》等相关文件，为推动重庆市航道养护和航道资源保护等工作规范化、标准化奠定了坚实基础。2020年，重庆地方内河航道维护总里程达到3649.4千米（不含长江干线重庆段航道里程679千米），其中，设标总里程达到750.4千米，航标维护正常率达99%以上。从维护类别结构看：2020年全市内河航道一类维护里程196千米,占维护总里程的5.4%;二类维护里程607.4千米,占维护总里程的16.6%;三类维护里程2846千米,占维护总里程的78%。

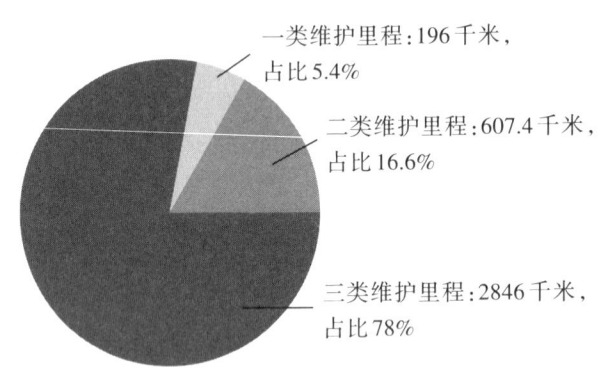

图2-2　2020年重庆内河航道维护里程结构图

全长江对比情况:从全长江看,2020年重庆内河航道维护总里程3649.4千米(不含长江干线重庆段航道里程679千米),占长江沿线各省市地方航道维护总里程的5.9%,位居沿江省市第七位。其中,一类维护里程约占全长江的2.3%,位居沿江省市第七位;二类维护里程约占全长江的4.9%,位居沿江省市第七位;三类维护里程约占全长江的7.1%,位居沿江省市第五位。

表2-3　2020年沿江省市内河航道维护里程对比表

省市	维护里程/千米				
	合计	位次	一类维护	二类维护	二类维护
上海市	1671	9	556.5	661	453.5
江苏省	23984.5	1	4922.5	3161.5	15900.5
安徽省	3821.9	6	553.7	2922.2	346
江西省	5560	3	494	537	4529

续表

省市	维护里程/千米				
	合计	位次	一类维护	二类维护	二类维护
湖北省	2645.7	8	658.9	615.2	1371.6
湖南省	9125	2	1304	—	7821
重庆市	3649.4	7	196	607.4	2846
四川省	4661.3	5	—	3131.2	1530.1
贵州省	1123	10	—	751.8	371.2
云南省	5138.5	4	—	79	5059.5
合计	61377.3	—	8685.6	12466.3	40228.4

注：以上航道里程数据均不含长江干线航道，仅为各省市管辖的地方支流航道维护里程。

③航道新技术推广应用。

重庆发展情况：近年来，重庆不断加强航道整治绿色生态新技术、新结构研发应用。在航道建设过程中，积极采用高降解、低污染、植生型的新型材料和环保工艺，采用对生态环境影响小的建设措施，如：在航道炸礁时采用小炮驱鱼、微差爆破、预裂爆破、二氧化碳爆破等措施，减少爆破产生的地震波对鱼类等水生生物的影响，并将爆破弃渣上岸处理。在航道疏浚过程中，采用抓斗式挖泥船，并将疏浚弃渣上岸处理，减少对水体的扰动。在支持保障系统建设过程中，航标船用富锌底漆代替传统的沥青油漆，岸标全部采用铝合金贴反光膜代替钢材加油漆，航标灯采用一体化太阳能航标灯代替传统的铅酸电池航标灯，安全标志标牌钢结构采用热浸锌工艺代替油漆工艺。

全长江对比情况：近年来，长江航道管理部门及沿江省市加快推广应用航道整治和管养工程新技术，更加注重航道生态设计、生态结构、绿色施工等新技术应用。在航道生态化建设方面，以武汉至安庆段航道整治工程为代表的绿色生态示范航道工程，广泛使用生态护坡、钢丝网格、透水框架、鱼巢砖等生态环保新工艺、新结构，基本形成了绿色生态航道建设的成套技术。同时，沿江省市在疏浚土资源化利用方面也进行了深入研究，荆州、九江、长江口等地正在广泛开展航道疏浚砂上岸综合利用试点。

（2）问题及原因分析

①航道总体规模结构不尽合理。

目前，重庆纳入国家高等级航道规划的只有长江、嘉陵江、乌江、渠江、涪江，存在高等级航道比重偏低、航道规模结构不合理、干支航道匹配性较差等问题，严重制约了航道整体能力提升，造成内河航道优势利用不足，影响航道的绿色生态作用和效益进一步发挥。从市内看，目前全市航道总里程4472千米，但高等级航道里程仅约1100千米，占全市航道总里程的24.7%，其他等级航道里程约3400千米，占全市航道总里程的75.3%。从全长江看，重庆航道总里程仅占长江沿线省市航道总里程的4.9%，高等级航道里程占长江沿线省市高等级航道总里程的比重为11.9%。

②绿色生态建设标准和体系尚不完善。

目前，国内尚未建立一套完整的绿色生态内河航道评价指标体系，内河绿色航道发展仍然存在明显短板，绿色生态航道建设也缺乏激励和约束机制。目前,国内各省市仅在航道整治措施和航道设施材料方面对生态环保措施和材料有一些要求,但还不成体系、不够全面。

③绿色生态航道建设经费投入不足。

由于航道建设属于国家财政投入的社会公益性建设,投融资渠道单一,争取中央资金要求较高,地方财政配套资金比例偏低,航道建设和维护资金投入保障一直较差,对支流航道建设与维护的投入尤其不够。目前,重庆市每年用于航道建设的市级财政资金不足1亿元,用于绿色生态航道建设的资金更是不足。

④绿色生态航道建设项目制约因素较多。

由于航道建设项目需要大量时间充分调研、论证,加上环保、国土、防洪等要求越来越严,影响航道建设的因素越来越多,航道建设项目审批手续繁杂,项目立项难度较大,对航道建设造成较大影响。同时,在实施过程中受项目施工组织时序限制、三峡水库调度和山区河流水位变幅大、有效施工期短等影响,绿色生态航道建设效果常常难以达到预期。

3. 船舶

(1) 发展现状

①船舶运力结构。

重庆发展情况:近年来,重庆大力推动船舶标准化、大型化、专业化发展,全市船舶运力结构得到进一步优化。到2020年底,全市货运船舶运力规模达到830万载重吨,船舶平均运力达到3840载重吨,船型标准化率达到85%,集装箱、危化品、汽车滚装等专业化船舶运力占比超过35%,船舶运力多项指标位居全国内河前列。目前,8000吨级散货船、350箱位集装箱船、1300车位商滚船、万吨级三峡豪华邮轮成为重庆主力船型,在全长江也有较强的代表性。

全长江对比情况:从总量规模上看,2020年重庆货运船舶运力达830万载重吨,约占沿江省市船舶总运力9300万载重吨的8.9%,约占长江上游云贵川渝总运力的85%,位居沿江省市第三。从运力结构上看,2020年重庆货运船舶平均运力为3840载重吨,远高于全长江内河船舶平均运力1262载重吨,也高于长江干线货船平均运力1960吨;重庆籍集装箱船舶平均箱位300标准箱,远高于全长江内河集装箱船舶平均箱位162标准箱;重庆籍三峡船型200艘,约占市场保有量的85%。从运力使用效率上看,2020年重庆内河货运船舶单位船产量为2.81万吨千米/载重吨,位居全长江首位,远高于全长江平均水平的1.21万吨千米/载重吨,也明显高于江苏、安徽等长江中下游省份。

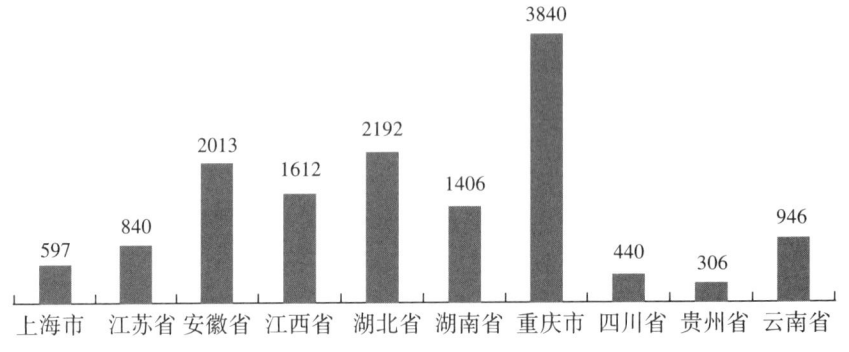

图2-3 2020年沿江省市货运船舶平均吨位柱状图(单位:吨)

表2-4 2020年沿江省市内河船舶运力利用效率对比表

省市	单船产量/(万吨千米/载重吨)	位次
上海市	0.96	6
江苏省	0.56	9
安徽省	1.19	5
江西省	0.77	8
湖北省	2.70	2
湖南省	0.77	7
重庆市	2.81	1
四川省	2.16	3
贵州省	2.05	4
云南省	0.38	10
平均	1.21	—

②船舶单位能耗。

2020年,全市货运船舶平均单位油耗约1.65千克/千吨·千米,较2003年三峡成库前的7.6千克/千吨·千米大幅下降,是全国内河船舶能耗最低的省市之一。按2020年重庆水运货运周转量2270.5亿吨千米测算,船舶消耗柴油约40万吨,火车需消耗柴油约110万吨,汽车需消耗柴油约360万吨。船舶需产生碳排放120万吨,可比火车碳排放(330万吨)减少210万吨,可比汽车碳排放(1140万吨)减少1020万吨。

从船舶总功率与载重吨位配比情况看,2020年重庆货运船舶单位功率配比为0.24千瓦/载重吨,位于全长江第二,低于全长江内河货运船舶单位功率0.28千瓦/载重吨,与安徽、江苏等中下游省市基本相当,也间接说明重庆船舶运力推进效率相对较高。

表2-5 2020年沿江省市内河船舶总功率与吨位配比情况表

省市	船舶功率/吨位(单位:千瓦/载重吨)	位次
上海市	0.50	8
江苏省	0.25	4
安徽省	0.21	1
江西省	0.30	5
湖北省	0.25	3
湖南省	0.32	6
重庆市	0.24	2
四川省	0.40	7
贵州省	0.84	10
云南省	0.74	9
平均	0.28	—

③新能源和清洁能源使用。

近年来,重庆率先在国内建成2艘62米纯天然气燃料动力区间散货运输船,并投入嘉陵江水域的水上煤炭运输,节能及减排效果较好。目前,重庆共有3艘船舶完成LNG动力改造并投入运营。此外,重庆东江公司"美维凯悦"号游轮已投入运营,该船在全国内河率先采用全船直流组网型电力推进系统,是目前长江三峡航线最先进的豪华游轮之一。

④船舶污染防治。

近年来,重庆加快推进船舶防污染设施的配备和使用,大力开展船舶防污染改造工作。目前,400总吨及以上不具备生活污水收集处理装置的268艘船舶全部完成改造,100~400总吨(不含400总吨)船舶638艘全部完成改造任务,共完成3165艘100总吨以下船舶防污染改造。同时,严格执行新建船舶禁止安装重油设施的规定,率先在全国内河开展了船舶拆除或封存重油设施行动,累计拆解淘汰高能耗、高污染船舶1345艘,其中老旧液货危险品船舶28艘。目前,全市所有营运船舶均安装了符合内河船舶技术法规要求的生活污水处理装置、污油水处理装置、垃圾收集设施和各类收集转岸储存舱(柜)等设施,全市138艘餐饮船舶完成整治,实现污水、垃圾"零排放"管理。

(2)问题及原因分析

①非标船舶运力存量较大。

从现有船舶结构看,虽然重庆船型标准化率在全国内河领先,但非标船舶运力存量较大,仍有15%的船舶为非标船舶,总量约430艘,这类船舶吨位小、能耗较高、船龄较长(15年以上)、环保标准较低,迫切需要政府政策引导和资金补助,加速非标船舶提前拆解退市,腾出空间加快发展新型节能绿色船舶。

②优质运力推广发展不快。

从优质运力推广应用看,目前重庆市现有三峡船型约200艘,占运输船舶总量的比重不到8%,平均每年发展不到30艘,对重庆航运绿色生态发展以及三峡船闸通过能力提升的助推效应还不明显,亟待政策引导加速发展。

③新能源和清洁能源推广使用缓慢。

从船舶岸电使用情况看,由于货运船舶本身需要的岸电容量较小,而岸电存在转换时间长、劳动强度大、成本优势不大等问题,船舶使用岸电积极性不高,更愿意继续使用燃油发电。目前,全市符合现行标准受电设施的船舶仅64艘。从LNG动力船舶发展情况看,由于油气价差不明显,甚至时常出现LNG价格高于柴油价格的情况,造成船舶燃烧LNG的经济性相对不高,加上LNG燃料需要占用船舶甲板面积和舱容,且受续航力及加注站点不足、设备成本较高、政府补贴力度不大等限制,LNG燃料动力船舶推广应用缓慢。

④新型绿色环保船舶研发应用滞后。

近年来,随着国家加快实施长江经济带发展战略,长江中下游地区江海直达运输市场快速发展,武汉、岳阳、黄石、九江等港口纷纷开通了至上海洋山港的江海直达航线,取得良好经济社会效益。相比之下,重庆的江海直达船型建造尚未成功,江海直达运输发展尚未有实质性进展,与长江上游航运中心地位不相匹配。同时,随着成渝地区双城经济圈建设深入推进,嘉陵江、乌江流域航运开发方兴未艾,但适合嘉陵江、乌江流域的标准化船型仍未研发投用。

4. 运输组织

(1) 发展现状

①总体情况。

近年来,水路运输在重庆跨省长距离、大宗货物运输中的主导作用进一步巩固强化,全市水运货运周转量占综合交通比重呈逐年上升趋势。2020年,水路货运量达到1.98亿吨,货物周转量2270.5亿吨千米,占综合交通的比重为64.4%。对比之下,

2015年,全市水路货运量完成1.49亿吨,货物周转量1693亿吨千米,占综合交通的比重为62.8%;2010年,全市水路货运量完成9660万吨,货物周转量1219亿吨千米,占综合交通的比重为60.6%。

②铁水联运。

重庆发展情况:近年来,重庆铁公水联运枢纽港建设加快推进,基本形成以主城港区果园作业区、万州港区新田作业区、涪陵港区龙头作业区、江津港区珞璜作业区为核心的铁公水联运枢纽体系。随着全市综合交通运输格局不断完善,单一水路运输逐步向多式联运转变,铁水联运组织方式加快发展。纵向来看,2020年,全市铁水联运到发量完成2038万吨,约占港口货物吞吐量的12%,铁水联运集装箱箱量达到6.1万标箱,约占全市集装箱吞吐量的5.3%,较2010年和2015年均有明显提升。对比之下,2015年全市铁水联运到发量完成1114万吨,约占港口货物吞吐量的7%,铁水联运集装箱箱量达到3.5万标箱,约占集装箱吞吐量的3.5%。2010年,全市铁水联运到发量仅为636万吨,集装箱铁水联运尚未开展。

全长江对比情况:2020年,长江干线内河港口集装箱铁水联运量完成19.9万标箱,约占全长江内河集装箱吞吐量2207万标箱的0.9%。相比之下,重庆港集装箱铁水联运量达到6.1万标箱,约占长江干线的30.7%,位居全长江内河首位。目前,重庆港铁水联运集装箱比重达到5.3%,远高于全长江平均水平,也高于长江中下游省市,如安徽、江西、湖北铁水联运集装箱比重仅为1.2%、2.9%、2.2%。

③水水中转。

重庆发展情况：近年来，重庆水水中转运输快速发展，航线覆盖范围不断扩大，运输货类不断丰富。除传统宜宾、泸州至重庆果园港的集装箱水水中转外，相继开通了重庆果园、涪陵等港口至四川广元、广安、南充、云南水富、湖北宜昌等港口的水水中转航线。2020年，全市跨区域水水中转航线达到近10条，集装箱水水中转箱量达到15.7万标箱，约占集装箱吞吐量的13.7%。对比之下，2015年全市水水中转集装箱完成6.3万标箱，约占集装箱吞吐量的6.2%。

全长江对比情况：2020年，上海港集装箱水水中转比例为51.6%，武汉新港集装箱水水中转比例为45%。相比之下，重庆港集装箱水水中转比例仅为13.7%，与武汉、太仓、上海等长江中下游港口相比仍有较大差距。

④新型运输模式。

近年来，随着长江上游地区经济社会不断发展，运输需求也发生深刻变化，滚装运输、甩挂运输等运输方式加快发展，特别是"散改集""杂改集"运输蓬勃发展，既降低了综合物流成本，也产生了明显的环保效益。目前，贵州开磷硫黄和磷产品、云南水富磷矿石和四川威钢铁矿石等货品已广泛采用"散改集"的运输形式，通过重庆港实现了集装箱重去重回的对流多式联运。

(2) 问题及原因分析

①通道不畅制约多式联运发展。

2020年，三峡船闸通过量达1.37亿吨，超过年设计最大通过能力近40%，船闸通过能力不足造成水运主通道不畅，制约多式联运优势的充分发挥。嘉陵江、乌江骨架航道尚未实现高等级全线贯通,干支联动发展不足,支流对长江干流的货运贡献率不到5%。同时,对外干线铁路建设相对滞后,既有成渝线、渝怀线、川黔线、襄渝线等干线铁路技术标准偏低、客货混行、运能饱和,大量中长距离货物运输被迫转移至公路运输,致使综合物流成本居高不下。

②多式联运枢纽集聚辐射能力不强。

由于港口和产业、城市在规划、建设、管理、运营等层面没有完全协同一致,部分产业布局与港口布局错位,造成部分地区适合水路运输的产业未跟港口配套。同时,目前全市铁公水联运的枢纽型港口仍然不足,现有铁水联运港口通过能力已基本饱和,部分港口集疏运体系建设滞后,港口铁路集疏运"最后一公里"衔接不畅,铁水联运发展缓慢,以港口作为枢纽节点的多式联运组合优势尚未充分发挥,港口辐射和服务范围受到较大制约。

③多式联运组织方式相对单一。

目前,由于长江中上游航道条件、三峡船闸通过能力、内河运输船舶技术标准等因素限制,重庆江海直达运输尚未实现,重庆市集装箱、大宗散货必须通过江海联运方式在长江下游港口中转。同时,驼背运输、卡车航班等新型联运方式在重庆尚未规模化开行,如重庆卡车航班尚局限于重庆与成都、昆明、贵阳等周边城市间运行,且运量规模较小,年货运量仅1000余吨。

④政策保障体系尚不健全。

目前,在国家及市级层面均缺乏统一的多式联运法律法规体系,现行相关政策对发展多式联运的支持力度还不够。同时,多式联运市场管理主体多,缺乏统一的协调和管理,部门职能管理、价格管理、政策管理等还需加强统一协调。此外,多式联运市场营商环境亟待改善,跨区域、跨行业、跨部门的组织管理机制尚需完善,配套的税收、金融监管、人才引进、市场开放等方面的制度亟须健全。

(三)总体评价

1.重庆航运对经济社会绿色发展发挥了重要作用

目前,重庆航运平均运价为0.03元/吨·千米,铁路平均运价为0.15元/吨·千米,公路平均运价为0.45元/吨·千米,水运价格仅为铁路的1/5,公路的1/15。在物流成本方面,以重庆至上海(含江苏)为例,目前每吨货物全程运价水运约70元、铁路约350元、公路约1000元。按照2020年重庆至上海水运量约1亿吨计算,与铁路、公路相比,水运分别为全市节约综合物流成本约280亿元、930亿元。在节能减排方面,按2020年重庆水运货运周转量2270.5亿吨千米测算:船舶柴油消耗仅40万吨,比铁路运输减少柴油消耗70万吨,比公路运输减少柴油消耗320万吨;船舶仅产生碳排放120万吨,比铁路运输减少碳排放210万吨,比公路运输减少碳排放1020万吨。

2.重庆航运绿色生态发展在全长江处于中游水平

总体上看,重庆航运绿色生态发展水平在全长江处于中游水平,其中绿色船舶、绿色运输组织发展水平较高,绿色港口、绿色航道发展水平有所滞后。具体来看,在绿色港口建设方面,重庆港在清洁能源推广使用、污染防治等方面发展较好,但在港口岸线资源集约利用方面处于相对劣势,2020年重庆港岸线利用效率为3523吨/米,仅为全长江平均值的75%,明显低于安徽、江苏等下游港口。在绿色航道建设方面,目前重庆航道总里程和高等级航道里程在全长江的比重还较小,水上绿色综合服务区建设、疏浚土综合利用仍处于起步阶段。在船舶运力方面,重庆船舶在标准化、节能环保、污染防治等方面均处于全长江较优水平,在长江上游地区具有绝对优势。在绿色运输组织开展方面,重庆铁水联运在全长江具有比较优势,但在水水中转运输、新型运输推广应用方面,与上海、武汉相比尚有较大差距。

3. 重庆航运绿色生态发展优势尚未充分释放

经过多年的建设发展,重庆市以长江、嘉陵江、乌江"一干两支"国家高等级航道为主骨架,渠江、大宁河、小江、涪江等支流航道为支撑的航道体系基本形成。目前,重庆水路的平均运价为0.03元/吨·千米,与铁路的0.15元/吨·千米和公路的0.45元/吨·千米相比,水运成本优势明显,吸引了大批临港产业落户和发展,全市约80%的经济开发区和特色工业园区沿江布局,长江沿线区县GDP之和占全市GDP总量的比例超过65%,促进了沿江经济带的形成。依托航运优势,沿江地区已经成为重庆汽车、冶金、电力、水泥、石化、装备、建材等产业的主要聚集地,全市90%以上的火电厂、炼钢厂、化工厂沿江布局,80%以上的外贸进出口货物通过水运完成。但是,重庆航道还存在短板和瓶颈,三峡船闸通过能力不足已经成为制约航运绿色效能发挥的关键所在,制约了重庆航运优势的整体释放,同时,嘉陵江、乌江尚未实现高等级贯通,导致支流对长江干线货运量的贡献率严重不足。2020年,全市支流航道货运吞吐量约1400万吨,仅占全市水路货运总量的5%左右。

4.重庆航运生态化发展水平需要加强

近年来,全市港口绿色发展水平加速提升,港口绿化面积达到50万平方米以上,全市港口万吨作业能耗降低至1.4吨标煤左右,重点客货运泊位基本实现岸电装置全覆盖,绿色品质显著提升。同时,随着嘉陵江草街、涪江潼南、乌江银盘等航电枢纽建成,嘉陵江、乌江等支流航道绿色发展水平显著提升。但是,港口和航道生态化发展水平仍然存在短板和不足,比如在港口建设和运营过程中存在港口施工期间生态保护措施不足等问题,在港口运营期间存在生产污水、废气等排放问题,在航道整治过程中生态环保新材料、新结构的推广应用有待进一步加强,疏浚土等资源综合利用水平仍然较低,营造鱼类生态栖息环境等生态环保措施不够有力,部分已建航道生态修复水平不高。

5.航运绿色生态新技术推广应用需要加快

港口、航运等企业作为自负盈亏的市场主体,对降能增效比较积极,但对需要投入大量资金的节能环保技术改造等社会效益明显、经济效益不明显的项目则较为消极,造成港口岸电使用、LNG船舶推广、港口和船舶防污染设施改造等推进步伐缓慢。同时,由于重庆乃至全国在绿色生态航运这一领域的研究刚起步不久,相关的专业技术服务机构和人才储备还较为匮乏,绿色、低碳、循环技术研发能力薄弱,导致低碳技术和项目推广应用步伐缓慢。此外,政策、资金等推进机制尚未健全,也是导致绿色航运新技术、新能源等推广应用滞后的重要原因。

6. 航运绿色生态治理体系有待完善

近年来,国家及重庆市已制定一批促进航运绿色生态发展的规章制度和规划方案等,推动了船舶、港口等污染防治长效管理机制的进一步完善。但是,目前重庆航运绿色标准规范和制度体系尚不健全,尚未建立起行之有效的工作机制。同时,绿色航运监测体系尚不完善,污染排放的基础数据依然匮乏,行业绿色环保底数尚不完全清楚,评估考核体系尚未建立,不能很好地对重庆航运绿色生态发展进行效果评估。信息化手段在航运绿色指标统计、相关部门信息共享等方面的应用还不足。

四、重庆航运绿色生态发展重点任务及对策建议

(一)重点任务

1. 港口

(1)加快推进全市港口资源整合

按照全市港口资源规划、建设、管理、运营一体化发展思路,深化推进港口建设投资运营体制机制改革,加快推进全市港口资源整合,逐步落实"一城一港"战略部署。近期,研究成立市级国有港口投资建设运营集团,按照政府引导、市场主导、企业主

体运作原则,对全市国有港口资源实施整合。远期,以市级国有港口投资建设运营集团为主要依托,采用股权购买、交叉持股、合作经营等方式,逐步对市域范围内的货主码头、私营码头进行兼并、重组,进一步提升全市港口资源集中度,促进港口集约化、规模化发展。

(2)科学控制港口开发利用规模

加强港口岸线、用地管控,严格控制全市港口岸线利用总量,研究建立以资源利用效率评价为核心的港口岸线使用审批管理制度,动态、分类调控港口项目建设开发时序,对建设规模相对超前的集装箱、滚装等类型码头,在现有码头通过能力利用率达到行业标准(60%~70%)前,原则上不启动新码头审批、建设,防止新港区低水平重复建设,造成港口规模过度超前。同时,加快调整存量岸线资源配置,整合闲置、散小、老旧码头资源,推动城区货运码头功能退出和转型升级,推进老旧码头关停后的岸线复绿和城市化开发,鼓励货主码头公共化改造和开放,提升港口岸线集约水平和利用效率,实现"港城共荣"和"港城升级"的城市有机更新。

(3)强化港口污染防治和环境治理

近期,强化港口作业污染整治,确保实现船舶、港口污染物零排放,同时,加强船舶污染防治和污染物监管,出台船舶污染物免费接收政策,实现船舶污染物接收与处置及船岸有效衔接。远期,加强船用燃油和船舶排放监管,开展船舶大气污染物智能监测试点,研究出台重庆船舶大气污染物排放控制区实施方案,逐步在中心城区等环境敏感区域设立船舶大气污染排放控制区。

(4)推广港口节能环保技术及设备

加快淘汰能耗高、污染重、技术落后的既有港口设备,积极推广清洁能源和可再生能源在港口生产中的应用。全面推进主要港口既有煤炭、铁矿石、硫黄、石子等码头及堆场防风抑尘设施建设,推进绿色环保的花园式港口建设。同时,加快港口岸电设施新建或改扩建,完善岸电供售电机制,健全船舶使用岸电的激励机制,大力推广应用港口岸电。在万州新田等港口开展节能环保关键技术应用试点示范,积极布局港口码头分布式光伏发电项目,推广应用港口智能照明、作业机械能量回收和供电设备节能改造等先进技术,降低运营能耗。

(5)建立重庆港统一调度管理机制

近期,积极推进重庆港统一调度平台建设,对进出主城、涪陵、万州等核心港区的所有船舶进行统一远程调度,最大限度缩短船舶进出港和等待泊位的时间,缓解在三峡船闸检修期间以及洪水、大雾等恶劣天气情况下的船舶待港拥堵问题。远期,联合航道、海事、水利等相关机构以及四川、贵州、云南等周边省份港口,打造长江上游地区港航统一调度平台,推动区域港口一体化运营。

(6)开展智慧港口建设试点示范

以主城港区果园作业区、万州港区新田作业区、涪陵港区龙头作业区、江津港区珞璜作业区等铁公水枢纽港口为重点,加快推动港口设施设备自动化、智能化建设和改造以及港口商务及物流单证无纸化、网络化,打造内河领先的智慧港口建设试点示范,通过科技创新提升港口绿色生态发展水平。整合全市港口生产、物流运输、港区交通等数据,构建集码头运营管理、能源管理、管控系统、设备管理、物流商贸为一体的港口运营管理信息系统,建设重庆港口的"智慧大脑"。

(7)开展绿色港口等级评价试点工作

建议按照交通运输部《绿色港口等级评价指南》要求,借鉴江苏、浙江等长江经济带省市经验,研究制定《重庆绿色港口评价指标体系》,以果园、新田、龙头、珞璜等枢纽港口为重点,高标准推进重庆绿色港口建设试点示范,基本实现果园、新田、龙头、珞璜等枢纽港口达到5星级绿色港口标准,其他主要旅游码头和货运港口达到4星级绿色港口标准。

2. 航道

(1)尽快打通干支航道瓶颈制约

联合四川、贵州、云南、陕西等周边省份积极向国家呼吁尽早决策启动三峡枢纽水运新通道建设,解决三峡枢纽瓶颈制约问题,提升长江干流航道运行效率。统筹协调交通、发改、规划、城乡建设、生态环境等市级部门,联合四川、贵州等省份加快推进嘉陵江井口段航道提升、乌江彭水船闸扩能等重大项目,推动嘉陵江、乌江等骨干支流高等级航道全线贯通,实现长江干流、支流联动发展。加快推动涪江渭沱、安居、富金坝等船闸扩能以及小江、綦江、大宁河等重要支流航运开发,推动成渝地区双城经济圈建设及万达开一体化等战略落地。

(2)完善绿色生态航道建设顶层设计

做好重庆航道发展相关规划编制工作,科学合理确定航道开发强度,把握整体开发节奏,推动全市航道绿色生态发展。深入落实绿色发展理念,全面推进河长制等决策部署,扎实抓好港口和船舶污染防治等工作,推进全市水运绿色、环保、安全发展。严格按照国家《内河航道绿色建设技术指南》《内河航道绿色养护技术指南》,将绿色航道发展理念贯穿于航道的规划、建设和养护全生命周期过程。联合四川、贵州、云南等长江上游地区省份,建立长江上游航道评价体系,针对环境治理、生态保护、节能减排、信息化和保障性措施等绿色航道关键要素,完善长江上游地区绿色航道发展评价、约束和激励机制。

(3)建立航道联合统一调度机制

联合四川、贵州等周边省份,以及航道、水利、电力等部门,建立健全长江上游航道联合统一调度机制,利用大数据、云计算等现代信息技术,加快建设嘉陵江、乌江等航道综合运行监测、指挥调度、综合分析和辅助决策综合平台,推行统一报到、统一调度、统一信息发布、统一运营管理的梯级船闸管理模式,实现船舶、港口、航道、梯级的联合调度、集中控制以及高效智能运行。

(4)建设水上绿色综合服务区

完善水上绿色综合服务区建设、投融资和运营机制,以重庆"一干两支"高等级航道为重点,加快推进主城、涪陵、万州、奉节、合川、彭水等水上绿色综合服务区建设,为过往船舶提供维修保养、燃料加注、岸电供应、生活配套、应急救援、船舶污染物接收等服务,切实筑牢长江上游生态保护屏障。

(5)开展绿色美丽智慧航道建设试点

依托涪江航道建设等交通强国建设试点项目,以航道整治工作为主要抓手,全力打造重庆市交通强国美丽航道的试点工程。同时,积极推进龙河河口至雪玉洞河段、潼南莲花寺至三块石人工运河、嘉陵江钓鱼城至草街河段、阿蓬江、酉水河、御临河等高品质旅游航道建设,建设一批各具特色、引领示范的旅游航道项目,推动航道建设与两岸景观协调融合,形成畅、洁、绿、美的区域交通走廊、生态走廊、景观走廊、文化走廊。

(6)加快推广应用航道绿色生态技术

加强航道建设基础性研究,争取在绿色生态航道建设的关键技术和核心装备方面取得突破。结合重庆航道建设发展实际,建议重点开展装配式整治建筑物结构及工艺研究,发展绿色环保疏浚、清礁技术。同时,加强航道疏浚弃土、弃渣利用研究,研究试验疏浚土固化制作护坡砖等建筑材料,利用清礁弃渣模拟制作人工鱼礁,构建生态涵养区。

3. 船舶

(1)进一步优化全市船舶运力结构

积极争取国家和市级财政资金补助,加快船舶标准化进程,对新建三峡船型、非标船舶提前退市、老旧船舶技改技革等进行补助,支持发展集装箱、危化品、滚装、三峡豪华邮轮等专业化船舶,进一步提升全市船舶运力标准化、现代化、大型化、专业化水平。

(2)加快研发推广江海直达船型

加大科技攻关和资金投入力度,按照交通运输部《关于推进长江经济带绿色航运发展的指导意见》《关于推进特定航线江海直达运输发展的意见》相关要求,加快重庆江海直达船型研发进程,争取纳入交通运输部长江干线过闸船型主尺度系列,同时,开展江海直达运输市场研究等相关工作,推动重庆至洋山港和宁波舟山港的江海直达航线尽早开通,提升重庆长江上游航运中心的地位作用,支撑重庆建设西部国际综合交通枢纽和国际门户枢纽。

(3)加快研发嘉陵江、乌江等支流标准化船型

抢抓成渝地区双城经济圈、交通强国建设等战略机遇,加快研发适应嘉陵江、乌江流域的标准化船型,推动干支直达、支支通达,进一步提高支流对长江干流的贡献率,把嘉陵江、乌江等支流打造成促进云贵川渝区域合作的新干线,同时,加快研发适应三峡库区深水航道条件的万吨级货船,推动构建三峡大坝坝上循环运输系统,推动长江上游地区航运一体化发展。

(4)加快绿色智能船舶研发推广

积极争取交通运输部等相关部委支持,综合采用经济、技术、行政等措施,借鉴广东、浙江等省份经验,加大对船舶LNG和纯电动力改造的政策、资金支持力度,大力发展绿色能源船舶,提升全市船舶绿色发展水平,充分发挥全市LNG加注码头功能作用。强力推动船舶水污染物"零排放",联动重庆海事和地方海事,争取加大中央和地方财政支持力度,推动船舶污染物免费接收,实现全市通航水域内船舶污染物"零排放"。加大科技攻关和资金投入力度,聚焦绿色智能船舶、绿色建造技术,打造重庆船舶研发、设计、建造、营运全产业链,推动重庆造船工业转型升级发展。

4. 运输组织

(1) 优化江海运输组织体系

优化现有江海运输组织模式,在巩固现有沪渝直达快线基础上,进一步加强重庆港与上海港、宁波舟山港以及长江下游沿江港口的合作,优化货源组织和下游挂靠港点,无缝衔接离境港的近远洋航线,培育航线联程服务,打造统一运营的"重庆江海快线"服务。提高航班准班率,降低出境港甩柜率。适时推进重庆至洋山港集装箱、重庆至宁波舟山港大宗散货直达航线发展,强化重庆港在长江水运体系中的枢纽港地位。

(2) 加快水水中转运输发展

加强重庆港与泸州港、宜宾港、水富港等长江上游港口的合作,推进泸州港、宜宾港、水富港至重庆果园港"小港转大港"班轮常态化运行。深入挖掘长江重庆库区段深水航运功能,依托三峡库区深水航道优势,探索往返开行于长江干线三峡库区深水港之间的"循环穿梭巴士",构建库区内循环航线网络。大力发展长江上游支流港口至重庆港的干支水水中转运输,重点开通广元、南充、广安、达州、贵阳等港口到重庆港的干支联运航线,培育和开辟稳定的干支联运班线。

(3) 完善铁公水联运组织体系

完善中欧班列(重庆)、西部陆海新通道班列与长江黄金水道铁水联运的市场化运营机制,依托果园、新田、龙头、珞璜等铁水联运枢纽港,积极推动中欧班列、陆海新通道国际班列与"重庆江海快线"班轮的铁水联运。结合货源地和内陆港布局,拓展重庆港铁水联运线路和服务范围,以集装箱多式联运和大宗散货"公转铁+散改集"为重点,推动冷藏集装箱、商品汽车、零担货物"散改集"等联运业务发展。依托重庆铁路枢纽环线、成渝地区双城经济圈轨道体系,完善企业运输集结网点,提升"点到点"的公交化"小班列"铁水联运服务,推动重庆港与腹地城市重要的产业基地和物流园区的有效衔接。

(4)积极培育多式联运市场主体

鼓励港航企业与铁路运输企业、第三方物流企业等以资本融合、资源共享为纽带,组建多式联运专业化经营主体。鼓励大型港航企业向多式联运经营人发展。加强与周边地区、沿海港口和物流企业合作,共同开发运营联运联程服务产品,形成"一站式"解决方案。

(二)政策建议

1.完善航运绿色生态发展体制机制

市政府及相关部门要高度重视航运绿色生态发展的重大意义,把航运绿色生态发展摆在更加突出的位置,重点加强航运绿色生态发展法律、法规、制度、标准、规划、方案等顶层设计,在相关重大文件中体现航运绿色生态发展要求。

2.加强航运绿色生态发展组织领导

加强交通、发改、规划、自然资源、生态环境等市级相关部门协调,做好航运规划与国土空间规划、产业规划、能源规划等的衔接,优先保障绿色生态航运基础设施建设的土地、岸线等需求,全方位推动重庆航运绿色生态发展。建议在市级层面成立全市航运绿色生态发展工作领导小组,负责航运绿色生态发展工作组织、领导和协同,研究部署重点工作、研究决策重大事项。

3. 完善航运绿色生态发展协调合作机制

积极对接交通运输部,争取将重庆市绿色航道、绿色港口、绿色装备等基础设施重点项目纳入上级规划,争取中央补助资金。加强与航道、海事、船检等中央在渝单位以及长江经济带沿线省市的协作、联动,开展绿色生态航运区域联动创新,共同推进长江航运绿色生态发展。

4. 加大航运绿色生态发展政策和资金支持

建议市政府延续水运发展专项资金等政策,并对绿色航道、绿色港口、绿色通航建筑物、绿色船舶、绿色运输组织等给予政策和资金倾斜。积极深化航运投融资改革,创新绿色债券、绿色信贷、绿色基金等筹资模式,在遵循国家产业政策的前提下,运用合同能源管理、第三方污染治理等市场化机制,筹措航运绿色生态发展资金。

5. 完善绿色生态航运人才培养引进机制

强化绿色生态航运领域人才队伍建设,完善人才培养、激励、交流、引进机制。通过"引进来"、"走出去"、联合培养等多种模式,着力培养现代绿色生态航运管理人才队伍;完善人才引进机制,加大人才引进激励力度,引进一批高端技术人才;定期开展国内和国际的学习、交流和培训,学习国内及国际上的先进交通运营管理经验与理念,加速提升绿色生态航运人才队伍管理水平。

6.建立健全航运绿色生态发展评价考核体系

加快制定重庆航运绿色生态发展中长期规划、评价体系、考核办法等,完善绿色生态航运监督考核机制,加大监督考核力度,形成事前、事中、事后全过程的监督机制。积极探索将绿色生态航运任务纳入行业内各单位工作考核体系,定期评估绿色生态航运发展重点任务和工作目标的完成情况,建立奖惩机制,不断优化考核手段。

重庆重要支流航道等级提升研究

CHONGQING ZHONGYAO ZHILIU HANGDAO DENGJI
TISHENG YANJIU

重庆重要支流航道等级提升研究*

（2022年7月）

重庆市境内江河纵横，航运历史悠久，全市70%以上的区县依江建城，因水兴市，具有发展内河航运得天独厚的条件。经过多年建设，重庆内河航运取得了巨大成就，航道条件整体得到了明显改善，对腹地社会经济发展的支撑作用显著增强。2020年，全市水路完成客运量523万人次、旅客周转量26568万人千米，完成货运量2.0亿吨、货物周转量2270.5亿吨千米，港口完成货物吞吐量1.65亿吨，内河航道总里程达到4472千米，已基本形成以长江、嘉陵江和乌江为骨架的"一干两支"航道体系。内河水运已成为重庆市及西南地区能源、原材料、集装箱等大宗货物的重要运输方式，为促进沿江产业带的形成与发展，完善区域综合运输体系，加强西南地区与东中部地区经济联系等方面发挥了重要作用。

与此同时，支流航道还存在航道等级总体偏低、干支航道直达联动的体系尚未形成、支流对干流的贡献率偏低、干支流未能

---

* 课题指导：吴家农；课题组组长：廖劲松、祖福兴；课题组副组长：解中柱；课题组成员：钟芸、蒋江松、马明媛、黄秀权、邓聪、刘彪、徐瑛、郑禄、马海峰、罗明祥、刘保军、褚广辉、金瑞、张小龙、冉小军、徐浩娟、曹郑丹、胡文成。

成网、支流航道对国家及地区战略的支撑作用不足等问题。2020年，重庆航道总里程达到4472千米，其中：长江干流航道679千米，占15.2%；各支流航道3793千米，占84.8%。当年全市水上货运量约2亿吨，其中长江干流承担的货运量达95%，各支流承担的仅为5%。从运输能力上看，数千千米支流航道的潜力尚未得到充分释放。从长江上游航运中心的功能看，重庆的经济影响力远未通过各支流辐射扩散到数十万平方千米的经济腹地。

党的十八大以来，习近平总书记高度重视重庆发展，对重庆提出了坚持"两点"定位、"两地""两高"目标，发挥"三个作用"和推动成渝地区双城经济圈建设等重要指示要求，为重庆内河航运发展指明了方向，提供了遵循。近年来，重庆内河航运发展的外部环境发生了较大变化。"一带一路"倡议以及长江经济带、成渝地区双城经济圈建设和西部陆海新通道建设等国家战略的深入实施，为重庆内河航运发展提供了广阔空间。中共中央、国务院相继印发《交通强国建设纲要》《国家综合立体交通网规划纲要》，首次将成渝地区双城经济圈定位为全国交通四"极"之一，提出要建设面向世界的国际性综合交通枢纽集群，将重庆定位为国际性综合交通枢纽城市，为重庆内河航运发展提供了前所未有的战略机遇。重庆市加快推动"一区两群"协调发展，打造现代化高质量综合立体交通网，对重庆内河航道优化资源配置、强化大通道功能、促进分工协作提出了更高的目标要求。

本研究立足重庆"两点""两地"建设，配合国家"一带一路"倡议以及长江经济带、西部陆海新通道、成渝地区双城经济圈、西部大开发、交通强国等战略布局和重庆"一区两群"发展的需要,从更开阔的视野对重庆重要支流航道提升作出了七个战略性思考,为长江上游航运中心建设拓展思路。一是建设"川渝黔桂大运河",壮大西部陆海新通道。二是建设"嘉陵江流域高等级航道网",助推成渝地区双城经济圈建设。三是建设"5000吨级航道延伸工程",提升长江上游航运中心地位。四是建设"綦江高等级航道",推动渝黔合作。五是建设"涪江美丽智慧航道"示范项目,使其成为交通强国战略的重庆示范。六是建设"小江高等级航道",开辟万达开统筹发展示范区水运大通道。七是建设"大宁河高等级航道",巩固当地脱贫攻坚成果。

一、支流航道提升基础

(一)航道发展现状

重庆市境内江河纵横,航运历史悠久,全市70%以上的区县依江建城,因水兴市,具有发展内河航运得天独厚的优势条件。长期以来,内河航运是长江上游综合运输体系中不可替代的重要组成部分,是西南地区通江达海的主通道,是沟通东中西部地区的纽带,在重庆市乃至西部地区国民经济和社会发展中有着重要的战略地位。

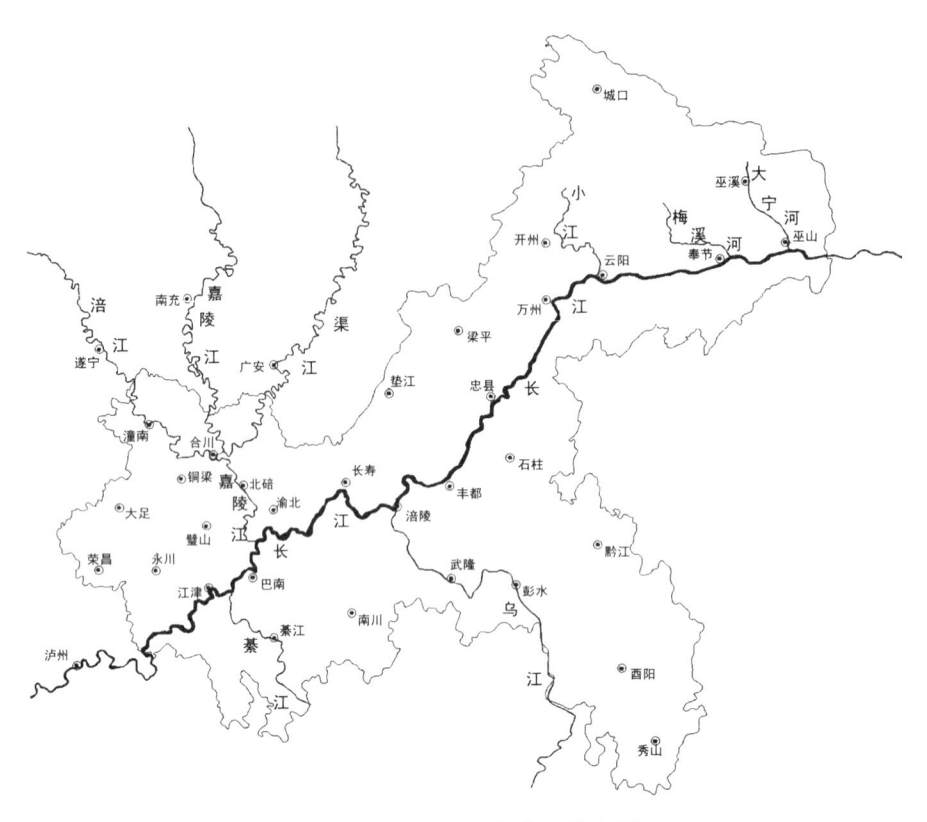

图 3-1 重庆干支航道网分布图

1. 近年建设情况

三峡工程蓄水以后，重庆的支流航道条件得到进一步改善，随着重庆市经济的快速发展，货物运输量将持续增长，船舶标准化、大型化进程加快，船舶平均吨位不断提高，航运优势正逐渐显现。

近年来，特别是"十二五"以来，重庆支流航道得到系统整治，共治理河段349.2千米，航道等级提高至Ⅲ级及以上，支流航道的整治已经发挥了应有的作用。

表3-1 重庆主要支流航道建设项目一览表

序号	项目名称	建设前标准（等级,航道尺度/米）	建设标准（等级,航道尺度/米）	建设里程/千米
1	嘉陵江河口至草街段航道整治工程	Ⅴ级,1.5×(30~40)×(300~400)	Ⅲ级,2.0×60×480	68.2
2	乌江河口至白马段航道建设工程	Ⅳ级	Ⅲ级,2.7×45×480	45
3	三峡库区重庆重要支流航道小江航道整治工程	未定级	Ⅲ级,3.0×60×480	51
4	渠江重庆段航道整治工程	Ⅶ级,0.8×10×100	Ⅲ级,2.8×60×480	77
5	磨刀溪航道整治工程	等外级	Ⅲ级,3.0×60×480	21
6	汤溪河航道整治工程	等外级	Ⅲ级,3.0×60×480	13
7	大宁河河口至大昌航道整治工程	等外级	Ⅲ级,3.0×60×480	42
8	梅溪河河口至康乐镇航道整治工程	等外级	Ⅱ级,3.5×75×560	17.5
9	三峡库区重庆重要支流航道鳊鱼溪航道整治利用工程	未定级	Ⅲ级,2.3×30×210	3
10	三峡库区重庆重要支流航道黛溪河航道整治利用工程	未定级	Ⅱ级,2.8×75×360	11.5

航道是水运高质量发展的基础条件,重庆航道总里程4472千米,其中横贯境内的长江干线679千米,约占长江通航总里程的1/4。随着三峡工程蓄水和支流航道的开发建设,重庆航道条

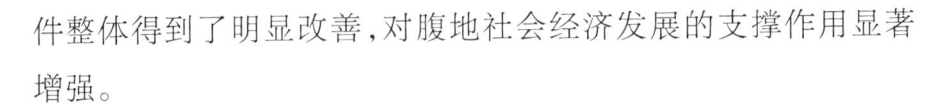

件整体得到了明显改善,对腹地社会经济发展的支撑作用显著增强。

2. 航道发展成就

重庆航道发展成就主要体现在以下几个方面。

①以长江干线航道和嘉陵江、乌江等重要支流航道整治为重点,基本形成了"一干两支"叶脉型航道格局,航道等级结构不断优化。

重庆市境内主要航道沟通市内70%以上的区县,是云、贵、川等西南地区省份沟通东中部地区的水上通道。重庆市航道包括长江干线以及长江一、二级主要支流,大都流经山区,具有山区河流特性。长江干线在江津羊石由四川省入境,在巫山培石出境入湖北省,全长679千米,横贯重庆市东西,流经20个区县,沿途北岸接纳嘉陵江及其支流(渠江、涪江等)和大宁河、小江等,南岸接纳乌江、綦江等。重庆市航道基本形成以长江干线、嘉陵江、乌江为骨架,涪江、渠江、大宁河、小江、梅溪河、綦江等为支线的航道布局。通过近年的建设,梅溪河、黛溪河共29千米的航道提高到Ⅱ级,可全年通行2000吨级及以上船舶,嘉陵江、乌江、小江等约320千米的航道提高到Ⅲ级,可全年通行1000吨级及以上船舶,初步实现了航运干支直达。

②内河水运量持续增长,水路货运保持增长态势,水路旅游客运增长潜力巨大。

水运量持续稳定增长。2020年,重庆市水路运输完成货物运输量2.0亿吨、货物运输周转量2270.5亿吨千米,在2010年基础上分别年均增长7.5%、6.4%。"十三五"期与"十二五"期相比,货运量年均增速下降3.6个百分点,但货物周转量年均增速仅下降0.9个百分点,说明重庆水运承担的中长距离运输呈现不断加快发展的态势。

货类构成以大宗干散货为主。重庆水运,尤其是长江黄金水道在满足区域经济社会和产业发展以及对外开放中发挥着重要支撑作用,腹地工业生产所需的大量物资通过长江黄金水道调入,同时腹地的矿产资源和工业产成品也通过水运对外输出。2020年,全市水路货运量中以煤炭、矿石及建筑材料为主的大宗干散货合计完成1.35亿吨,占全市水路货运量的68%,自2010年以来比重维持在60%~70%,一直居主导地位。集装箱由2010年的56万TEU(标准箱)增长到2020年的115万TEU,年均增长7.5%。

③重庆港口航道在上下游地区中的枢纽作用不断增强。

重庆港码头主要分布于长江干线及其主要支流嘉陵江、乌江、大宁河、涪江、渠江等河流,现状布局有20个港区。其中主城、万州、涪陵3个港区为核心港区,永川、江津、奉节等5个港区是重点港区,剩余12个港区为一般港区。截至2020年,全港有客货运码头436座,生产性泊位610个,客、货综合年通过能力分别为5460万人、2.2亿吨。

近年来,重庆港码头靠泊能力不断提升,货物吞吐能力不断提高。2020年,全港1000吨级及以上泊位数量457个,是2010年的1.3倍,其中:1000吨级~3000吨级(不含3000吨级)泊位266个,占全港码头泊位数量的43.6%;3000吨级及以上泊位191个,占全港码头泊位数量的31.3%。2020年,重庆港货物年综合吞吐能力达到2.2亿吨,是2010年货物通过能力的3倍,其中集装箱通过能力达480万TEU;规模化以上的危化品泊位通过能力740万吨,约是2010年197万吨的3.8倍。

④运输船舶大型化、专业化、标准化发展趋势明显,运输效率显著提高。

货船持续大型化、专业化。2000年重庆市内河货船平均载重量仅123吨,2020年已增长到3738吨,年均增速高达18.6%。2000年专业化船舶仅5艘集装箱船,2020年已有101艘集装箱船、68艘油船。重庆内河集装箱船载箱能力在全国最高,约占全国内河船舶总载箱能力的28.5%。重庆油船的净载重吨在全国仅次于江苏和湖北,居全国第三位。重庆内河船舶在专业化方面居全国前列。

三峡成库后,经济社会的快速发展对快速、高效、低成本物流运输的要求不断提高,长江干线原来以轮驳搭配为主的传统运输生产组织方式逐渐不能适应市场发展需要。单船运输灵活、快速,较船队运输的经济性价比要高,自航船运输在单位能耗、运营效率、运营成本、运营管理与组织、航行操作性和运营安全性等各方面比船队运输更有优势,更能适应水路运输市场发展需要。目前,单船运输已成水运主力,基本取代了原先以拖轮和驳船组成的船队运输。

(二)支流航道存在的问题

1.重庆航道现状

目前,重庆市境内的国家高等级航道只有长江、嘉陵江、乌江(以下简称"一干两支"),航道里程为1064千米,占重庆航道总里程的24%;"一干两支"以外的涪江、渠江、綦江、小江、梅溪河、大宁河等支流航道里程占全市的76%。支流航道等级普遍偏低,通行能力差,严重影响重庆市水运整体通过能力和效益的充分发挥,制约全市干支联动、江海直达航道网的形成,同时也限制了支流航道腹地经济的发展和综合交通运输优势的形成。

三峡工程正常蓄水运用后,长江干线重庆境内涪陵以下航道提高到Ⅰ级,库区支流河口段水位抬升,加上近10余年的航道基础设施建设,重庆通航航道达到194条,Ⅰ级、Ⅱ级、Ⅲ级、Ⅳ级、Ⅴ级航道里程得到增加,Ⅲ级及以上航道达到约1100千米(表3-2)。表3-2的"其他河流"中,Ⅱ级为梅溪河18千米,Ⅲ级航道共48.3千米,由汤溪河13千米、磨刀溪22.5千米、抱龙河7.8千米、东溪河5千米组成,可以看出"其他河流"连续通航里程较短,为三峡工程蓄水后水位抬升而提升航道等级的河流。

表3-2 重庆市境内航道分级里程统计(截至2018年) 单位:千米

河流	Ⅰ级	Ⅱ级	Ⅲ级	Ⅳ级	Ⅴ级	Ⅵ级	Ⅶ级	等外级
长江	391.0	145.0	143.0					
嘉陵江			69.0	68.0	35.0			
乌江			98.0	84.0	49.0			
涪江				108.0			22.3	

续表

河流	Ⅰ级	Ⅱ级	Ⅲ级	Ⅳ级	Ⅴ级	Ⅵ级	Ⅶ级	等外级
渠江			87.7					
小江			51.0	19.5				44.5
綦江							135.0	21.0
大宁河				42.0				29.8
其他河流	0.0	18.0	48.3	0.0	0.0	126.2	193.2	2473.3
合计	391.	163.0	539.0	171.5	192.0	126.2	350.5	2568.8

重庆境内的长江主要支流嘉陵江、乌江、涪江、渠江、小江、綦江、大宁河中,渠江重庆境内航道正在按Ⅲ级航道建设,其余6条支流通航里程等情况详见表3-3。

表3-3 长江重要支流航道等级现状表

序号	名称	起讫点	里程/千米	现状等级	航道尺度现状/米
1	嘉陵江	草街—朝天门	68.2	Ⅲ级	2.0×60×480
		黄帽沱—草街	85.8	Ⅴ级	1.5×(30~40)×(300~400)
2	乌江	白马—河口	45	Ⅲ级	2.7×45×480
		龚滩—白马	186	Ⅴ级	
3	涪江	三块石—合川鸭咀	136	Ⅴ级	
4	小江	白家溪—河口	51	Ⅲ级	3.0×60×480
5	大宁河	大昌—河口	42	Ⅲ级	3.0×60×550
		巫溪县城—大昌	30	Ⅴ级	
6	綦江	赶水—河口	135	Ⅶ级	

2. 支流航道存在的问题

(1) 航道等级总体偏低，Ⅲ级及以上航道约占26%

2020年，重庆市航道总里程4472千米，其中长江干线在重庆市境内长679千米，全部达到Ⅲ级及以上航道标准。全市Ⅲ级及以上、Ⅳ级航道里程分别为1156千米、97千米，分别占重庆市航道总里程的25.85%和2.17%，Ⅴ级及以下航道里程占总里程的71.98%。重庆市航道等级总体偏低，不能适应运输船舶大型化的发展要求。

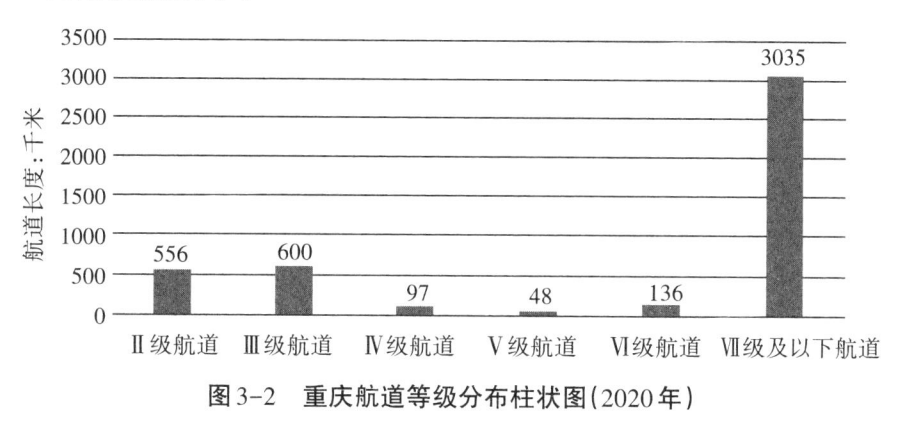

图3-2 重庆航道等级分布柱状图（2020年）

(2) 干支航道直达联动的体系尚未形成，支流对干流的贡献率仅为5%

重庆市航道结构不尽合理，长江干线全部达到Ⅲ级及以上航道标准，而支流航道等级普遍偏低，其中嘉陵江航道里程的11%，乌江航道里程的76%，涪江、綦江等支流航道仍为Ⅳ级及以下航道。大宁河、小江等在长江三峡库区常年回水段航道已基本达到Ⅲ级航道标准，但Ⅲ级航道里程较短，尚未有效通达其上游的巫溪、开州等重要区县，而长江三峡库区常年回水段上游河段仍为等外级航道。

长江干线重庆涪陵至朝天门123千米航道整治工程进展滞后,无法常年通行5000吨级满载货船及130米以上大型豪华游轮。由于利泽和白马枢纽仍在建设,嘉陵江和乌江尚未全线梯级渠化,主要支流对长江干线的贡献率仅为5%。嘉陵江井口段,受上游梯级枢纽建设、河道采砂、泥沙淤积等影响,局部航段枯水期水深已无法达到Ⅲ级航道标准。乌江彭水电站升船机仅可通航500吨级船舶,不满足规划的Ⅲ级航道标准要求。支流航道的通航里程短、等级低,难以组织高标准、长距离的干支直达运输,干支联动性较差,制约了水运的优势发挥,不能适应重庆市社会经济和综合交通运输发展的需求。

(3)干支流未能成网,Ⅲ级及以上航道通达行政区率仅约为58%

分析Ⅲ级及以上航道通达区县情况发现:重庆38个区县中已通达Ⅲ级及以上航道的为22个,占57.9%;未通达的为16个,占42.1%。其中:长江干线连通了18个区县,航道等级达到Ⅰ~Ⅲ级;嘉陵江连通了3个区县,航道等级基本达到Ⅲ级(航道尺度为2.0×60×480米);小江连通了1个区县,为Ⅲ级航道。尚有乌江、涪江、綦江、大宁河连续通航里程较长,连接区县的航道等级相对较高,但不足Ⅲ级。(见表3-4)

表3-4 重庆区县航道通达等级现状

区县名称	通达航道等级	是否已达Ⅲ级及以上	通达河流	区县名称	通达航道等级	是否已达Ⅲ级及以上	通达河流
渝中	Ⅱ级	是	长江	酉阳	Ⅴ级	否	乌江
大渡口	Ⅱ级	是	长江	武隆	Ⅳ级	否	乌江
九龙坡	Ⅱ级	是	长江	彭水	Ⅴ级	否	乌江
南岸	Ⅱ级	是	长江	黔江	—	否	—
渝北	Ⅱ级	是	长江	綦江	Ⅶ级	否	綦江
江北	Ⅱ级	是	长江	巫溪	Ⅴ级	否	大宁河
巴南	Ⅱ级	是	长江	开州	Ⅲ级	是	小江
长寿	Ⅱ级	是	长江	南川	—	否	
涪陵	Ⅰ级	是	长江	城口	—	否	
铜梁	Ⅶ级	否	涪江	垫江	—	否	
潼南	Ⅶ级	否	涪江	梁平	—	否	
璧山	—	否	—	秀山	—	否	
大足	—	否		忠县	Ⅰ级	是	长江
石柱	Ⅰ级	是	长江	丰都	Ⅰ级	是	长江
奉节	Ⅰ级	是	长江	云阳	Ⅰ级	是	长江
巫山	Ⅰ级	是	长江	沙坪坝	Ⅲ级	是	嘉陵江
万州	Ⅰ级	是	长江	合川	Ⅲ级	是	嘉陵江
江津	Ⅲ级	是	长江	北碚	Ⅲ级	是	嘉陵江
永川	Ⅲ级	是	长江	荣昌	—	否	—

注：Ⅶ级航道以下河流通达区县状况未作统计列表，同时通达两条及以上河流的区县以通达等级高者进行统计列表。

(4)支流航道对国家及地区战略的支撑作用不足

长江经济带发展等国家战略都是沿着长江黄金水道进行的,长江干流对国家及区域战略的支撑作用明显。支流航道对服务"一带一路"倡议以及长江经济带发展、成渝地区双城经济圈建设、交通强国建设等国家战略的能力不足。习近平总书记视察重庆时,对重庆提出"两点"定位、"两地""两高"目标、发挥"三个作用"的指示要求。重庆市深入贯彻习近平总书记要求,紧抓"一带一路"倡议以及长江经济带发展、西部大开发、西部陆海新通道建设、成渝地区双城经济圈建设等一系列国家重大战略机遇,牢固树立经济社会高质量发展目标,努力构建内外联动、东西双向互济的对外开放新格局。当前和今后一个时期,将是重庆交通运输发展的重要战略机遇期,《交通强国建设纲要》《国家综合立体交通网规划纲要》印发实施,明确重庆为国际性综合交通枢纽城市,为重庆交通运输高质量发展赋予了更为独特的优势,创造了更为有利的条件,提供了更加广阔的空间。《重庆市综合立体交通网规划纲要(2021—2035年)》要求构建"4向3轴6廊"对外运输大通道,建设现代综合立体交通运输体系,这对重庆内河水运发展提出了新的更高要求。

二、支流航道提升战略

(一)建设"川渝黔桂大运河",使其成为西部陆海新通道战略的重要支撑

1.国家西部陆海新通道战略

西部陆海新通道是党中央、国务院着眼共建"一带一路"、推动更高水平对外开放、促进区域协调发展作出的重大决策,是落实构建新发展格局战略部署的重大工程。《西部陆海新通道总体规划》是深化陆海双向开放、推进西部大开发形成新格局的重要举措,规划期为2019年至2025年,展望到2035年。

西部陆海新通道利用铁路、公路、水运、航空等多种运输方式,由重庆向南经贵州等省份,通过广西北部湾等沿海沿边口岸,通达新加坡及东盟主要物流节点,运行时间比经东部地区出海节约10天左右。西部陆海新通道位于我国西部地区腹地,北接丝绸之路经济带,南连21世纪海上丝绸之路,协同衔接长江经济带,在区域协调发展格局中具有重要战略地位。

西部陆海新通道具体的空间布局为统筹区域基础条件和未来发展需要,优化主通道布局,创新物流组织模式,强化区域中心城市和物流节点城市的枢纽辐射作用,发挥铁路在陆路运输中的骨干作用和港口在海上运输中的门户作用,促进形成通道引领、枢纽支撑、衔接高效、辐射带动的发展格局。具体主要布局如下:

①主通道。建设自重庆经贵阳、南宁至北部湾出海口（北部湾港、洋浦港），自重庆经怀化、柳州至北部湾出海口，以及自成都经泸州（宜宾）、百色至北部湾出海口三条通路，共同形成西部陆海新通道的主通道。

②重要枢纽。着力打造国际性综合交通枢纽，充分发挥重庆位于"一带一路"和长江经济带交汇点的区位优势，建设通道物流和运营组织中心；发挥成都国家重要商贸物流中心作用，增强对通道发展的引领带动作用。建设广西北部湾国际门户港，发挥海南洋浦的区域国际集装箱枢纽港作用，提升通道出海口功能。

③核心覆盖区。围绕主通道完善西南地区综合交通运输网络，密切重庆、成都、贵阳、南宁、昆明、遵义、柳州等西南地区重要节点城市和物流枢纽与主通道的联系，依托内陆开放型经济试验区、国家级新区、自由贸易试验区和重要口岸等，创新通道运行组织模式，提高通道整体效率和效益，有力支撑西南地区经济社会高质量发展。

④辐射延展带。强化主通道与西北地区综合运输通道的衔接，联通兰州、西宁、乌鲁木齐、西安、银川等西北重要城市。结合西北地区禀赋和特点，充分发挥铁路长距离运输优势，协调优化运输组织，加强西部陆海新通道与丝绸之路经济带的衔接，提升通道对西北地区的辐射联动作用，有力促进西部地区开发开放。同时，注重发挥西南地区传统出海口湛江港的作用，加强通道与长江经济带的衔接。

2.平陆运河是国家西部陆海新通道战略中的重要一环

西部陆海新通道战略的主通道有三条,即自重庆经贵阳、南宁至北部湾出海口(北部湾港、洋浦港)通道,自重庆经怀化、柳州至北部湾出海口通道,以及自成都经泸州(宜宾)、百色至北部湾出海口通路,它们共同形成西部陆海新通道的主通道。

平陆运河是西江干流连接北部湾的江海连通工程,起点位于南宁市以东平塘江口,沿沙坪河向南,跨分水岭与旧州江、钦江连接,从钦州市茅尾海进入北部湾,全长约140千米。其中分水岭越岭段人工开挖约6.5千米,其余利用既有河道整治、拓宽浚深。平陆运河航道等级为内河Ⅰ级(3000吨级),船闸永久设施按5000吨级建设。其建设内容有航道工程、3座梯级枢纽、沿线交叉工程、水资源综合利用及配套设施等相关工程。平陆运河的建成将大大缩短西部地区进出海里程。以南宁为例,经平陆运河由钦州港出海里程仅280千米,比原来的出海里程缩短了560千米。综合以上,平陆运河处于重庆至广西出海口的主通道上,是国家西部陆海新通道战略中的重要一环。

3.建设"川渝黔桂大运河"是落实西部陆海新通道战略的重要体现

从西部陆海新通道战略实施的出发点、目的和意义看,平陆运河仅解决了西部陆海新通道的入海端口问题,但未能形成连接西部地区各省区市,纵贯南北的水运出海大通道。西部陆海新通道结合了铁路、公路、水运三种运输方式,但西部陆海新通道中线仅有川黔铁路线,运能小,且已经饱和,而水运具有低碳、环保、运量大的特点,符合"双碳"国家战略。因此,发挥水运优势,建设"川渝黔桂大运河"是落实西部陆海新通道战略的重要体现。

通过嘉陵江、乌江、乌北运河、北盘江、红水河、西江、平陆运河,建设"川渝黔桂大运河",连接"川、渝、黔、桂"西南主要经济区,形成西南地区纵贯南北的水运出海大通道。"川渝黔桂大运河"按照西部陆海新通道规划中的中线进行建设,是实现西部陆海新通道国家战略的重要支撑。

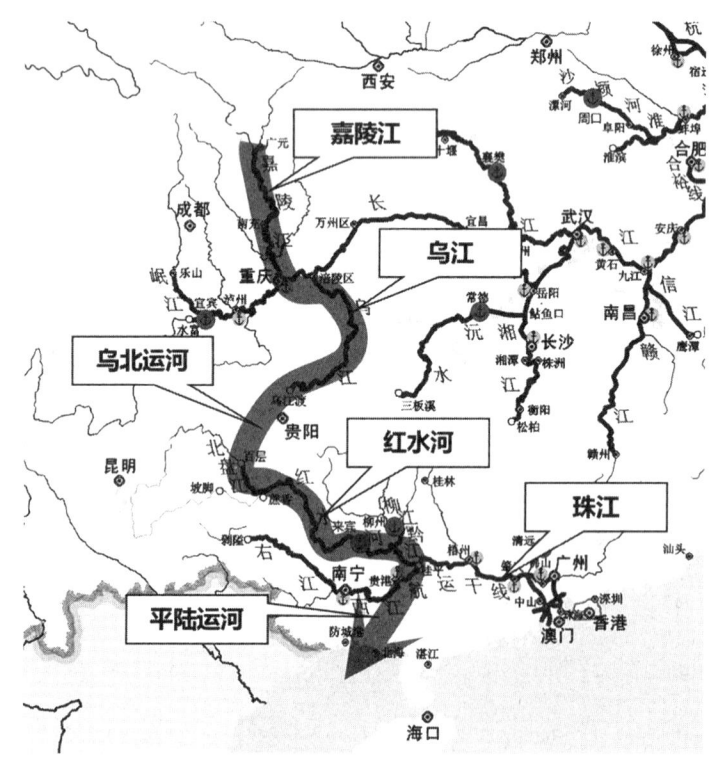

图 3-3 "川渝黔桂大运河"布局示意图

4. "川渝黔桂大运河"线路布局

经分析,要在川渝与黔桂之间建设水运大通道,则须将乌江流域与西江流域连通,因而提出建设西线运河和东线运河两个方案。

(1)"川渝黔桂大运河"西线布局方案

"川渝黔桂大运河"西线的布局意在贯通我国西部省区市,从四川广元出发,经嘉陵江688千米至重庆朝天门入长江,经长江干流120千米至涪陵乌江口,经乌江799千米至贵州普定,新开乌北运河35千米连接乌江与北盘江,经北盘江175千米于望谟入红水河,经红水河780千米至广西桂平入西江干流,经西江干流桂平至平塘江口段230千米进入平陆运河,经平陆运河133千米至钦州出海。路线总长2960千米,较经长江口出海到达北部湾地区缩短里程约2600千米。

"川渝黔桂大运河"西线布局方案

"川渝黔桂大运河"西线方案线路总长2960千米。其中:

➢1.嘉陵江段:四川广元至重庆朝天门,688千米。

➢2.长江段:重庆朝天门至重庆涪陵,120千米。

➢3.乌江段:重庆涪陵至贵州普定,799千米。

➢4.乌北运河:新开运河35千米,连接乌江和北盘江。

➢5.北盘江段:贵州六枝特区至望谟,175千米。

➢6.红水河段:贵州望谟至广西桂平,780千米。

➢7.西江段:广西桂平至平塘江口,230千米。

➢8.平陆运河段:平塘江口至钦州,133千米。

---

(2)"川渝黔桂大运河"东线布局方案

起点同西线方案,从四川广元出发,经嘉陵江688千米至重庆朝天门入长江,经长江干流120千米至涪陵乌江口,经乌江、清水河552千米至贵定附近,开挖人工运河61千米连接至凯里,又从凯里挖人工运河64千米(其中有30千米可利用清水河)接入三都县都柳河,从三都经榕江、从江、融江等县489千米到达柳州,从柳州经柳江、黔江284千米到达桂平,经西江干流桂平至平塘江口230千米进入平陆运河,经平陆运河133千米至钦州出海。路线总长约2621千米,较西线里程短300多千米。

"川渝黔桂大运河"东线布局方案

"川渝黔桂大运河"东线方案线路总长2621千米。其中:

➢ 1.嘉陵江段:四川广元至重庆朝天门,688千米。

➢ 2.长江段:重庆朝天门至重庆涪陵,120千米。

➢ 3.乌江段:重庆涪陵至清水河贵定,552千米。

➢ 4.贵定至凯里运河段:61千米。

➢ 5.凯里至三都运河段:64千米(有30千米利用清水河)。

➢ 6.都柳河、融江段:三都经榕江、从江、融江等县至柳州,489千米。

➢ 7.柳江、黔江段:柳州至广西桂平,284千米。

➢ 8.西江段:广西桂平至平塘江口,230千米。

➢ 9.平陆运河段:平塘江口至钦州,133千米。

---

(3)可能性分析

西线方案乌北运河越岭段两端高差不大,在100米以内。运河北端乌江段连续规划建设有11级枢纽,直达乌江口汇入长江;运河南端北盘江规划建设有光照、马马崖、董箐等枢纽,直达红水河,而红水河至柳江、黔江河段本就规划建设为Ⅲ级及以上航道。因此,结合枢纽建设,西线方案乌北运河具有可行性。东线方案乌柳运河越岭段有两段,高差也不大。运河北端接入乌江构皮滩枢纽库区;南端先与凯里沅水相接,可连接湘江,再通过运河与都柳河相接,都柳河也为连续渠化河段,通过一定改造,可实现航道等级的提升,东线方案乌柳运河亦具有可行性。

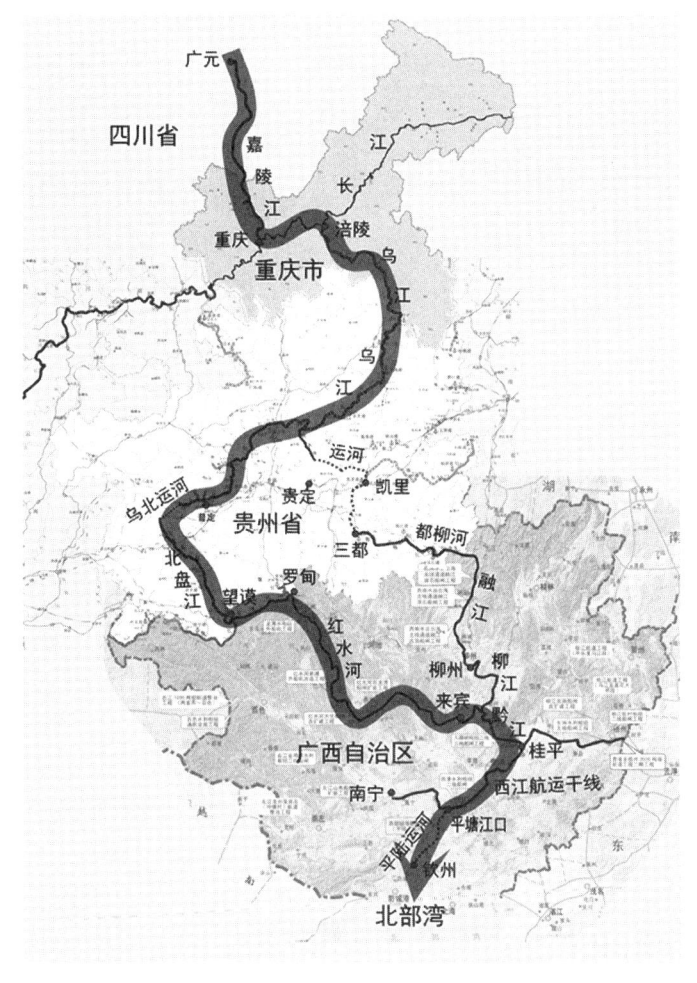

图3-4 "川渝黔桂大运河"西线方案示意图

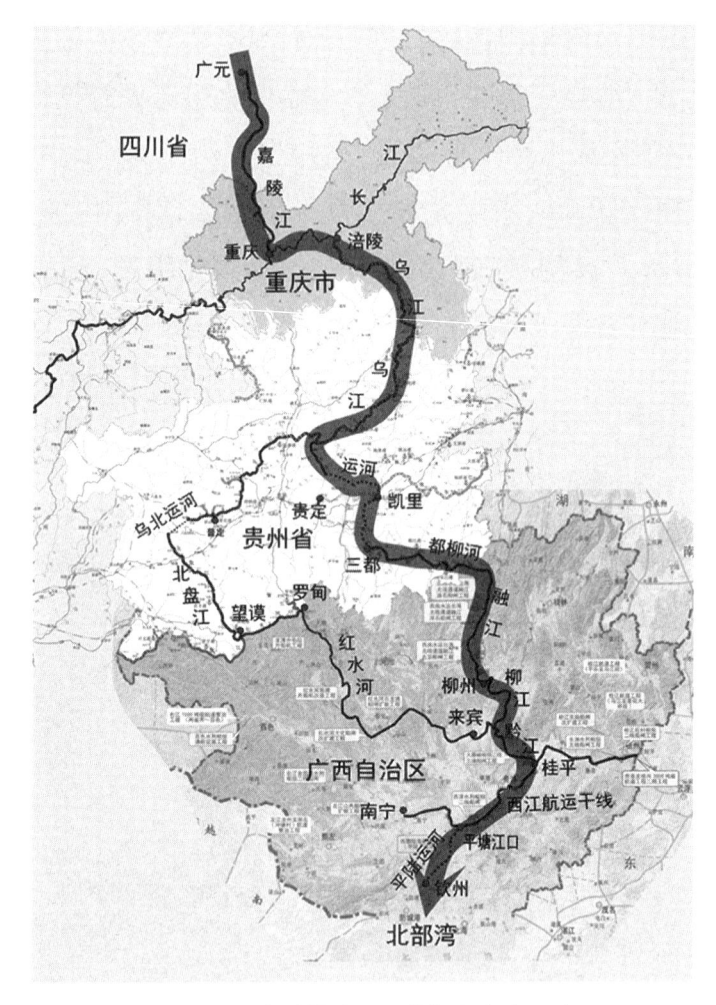

图3-5 "川渝黔桂大运河"东线方案示意图

(二)建设"嘉陵江流域高等级航道网",使其成为成渝地区双城经济圈运输大动脉

1.成渝地区双城经济圈

成渝地区双城经济圈位于长江上游,地处四川盆地,东邻湘

鄂、西通青藏、南连云贵、北接陕甘,是我国西部地区发展水平最高、发展潜力较大的城镇化区域,是长江经济带和"一带一路"的重要组成部分。《成渝地区双城经济圈建设规划纲要》提出了9项重点任务:构建双城经济圈发展新格局、合力建设现代基础设施网络、协同建设现代产业体系、共建具有全国影响力的科技创新中心、打造富有巴蜀特色的国际消费目的地、共筑长江上游生态屏障、联手打造内陆改革开放高地、共同推动城乡融合发展、强化公共服务共建共享等。

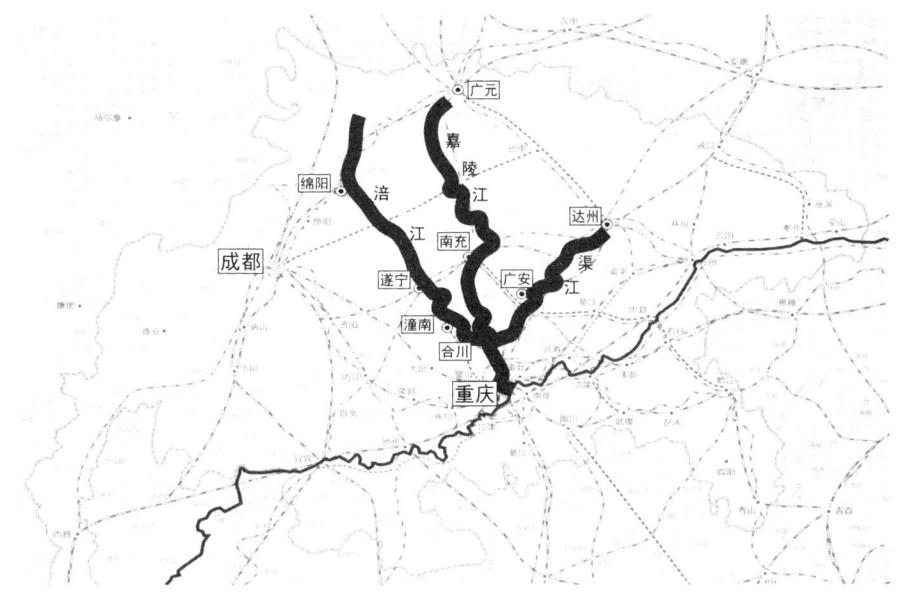

图3-6 嘉陵江、渠江、涪江高等级航道网示意图

2.建设"嘉陵江流域高等级航道网",使其成为成渝地区双城经济圈运输大动脉

(1)措施一:建设"1500千米高等级航道网"

"嘉陵江流域高等级航道网"主要包括嘉陵江、涪江和渠江。

该航道网连接四川绵阳、遂宁、广元、南充、达州、广安以及重庆主城、合川、潼南，深入成渝地区最重要的经济区，是成渝地区双城经济圈的运输大动脉。建设"嘉陵江流域高等级航道网"是加强成渝地区经济连接、降低成渝地区物流运输成本的重要举措，是推动成渝地区双城经济圈建设的重要体现。

全面提升嘉陵江、渠江、涪江航道等级，形成"1500千米高等级航道网"。

①嘉陵江：四川广元至重庆朝天门，航道线路长688千米，规划等级为Ⅲ级。

②渠江：四川达州至重庆合川，航道线路长363千米，规划等级为Ⅲ级。

③涪江：四川绵阳至重庆合川，航道线路长366千米，规划等级为Ⅲ级。

（2）措施二：建设"成渝地区运河环线"

为构建成渝地区区域内便捷的交通运输体系，形成互联互通的水运大通道，分析长江支流水系情况，可通过开挖运河形成环状的水运通道。其布局可考虑小环线及大环线两个方案。

①成渝地区运河小环线。

利用嘉陵江高等级航道，从朝天门至合川95千米，从合川经涪江35千米到达铜梁安居，从铜梁安居取道琼江155千米至遂宁安居，开挖人工运河共70千米将遂宁安居连通至资阳，人工运河接入沱江，从资阳顺沱江而下经375千米到达泸州入长江干流，从泸州经258千米水路到达重庆朝天门，形成988千米的成渝地区运河小环线。

图 3-7 "成渝地区运河小环线"示意图

"成渝地区运河小环线"线路布局方案

"成渝地区运河小环线"线路总长 988 千米，其中：

➢ 1. 嘉陵江段：朝天门至合川，95 千米。

➢ 2. 涪江段：合川至铜梁安居，35 千米。

➢ 3. 琼江段：铜梁安居至遂宁安居，155 千米。

➢ 4. 人工运河：从遂宁安居至资阳，70 千米。

➢ 5. 沱江段：资阳至泸州，375 千米。

➢ 6. 长江段：泸州至朝天门，258 千米。

②成渝地区运河大环线。

利用嘉陵江高等级航道，从朝天门至合川95千米，从合川经涪江35千米到达铜梁安居，从铜梁安居取道琼江155千米至遂宁安居，再开挖人工运河70千米将遂宁安居连通至资阳沱江，再开挖人工运河88千米连通资阳和眉山，从眉山顺岷江而下经235千米到达宜宾入长江干流，从宜宾经358千米水路到达重庆朝天门，形成1036千米的成渝地区运河大环线。

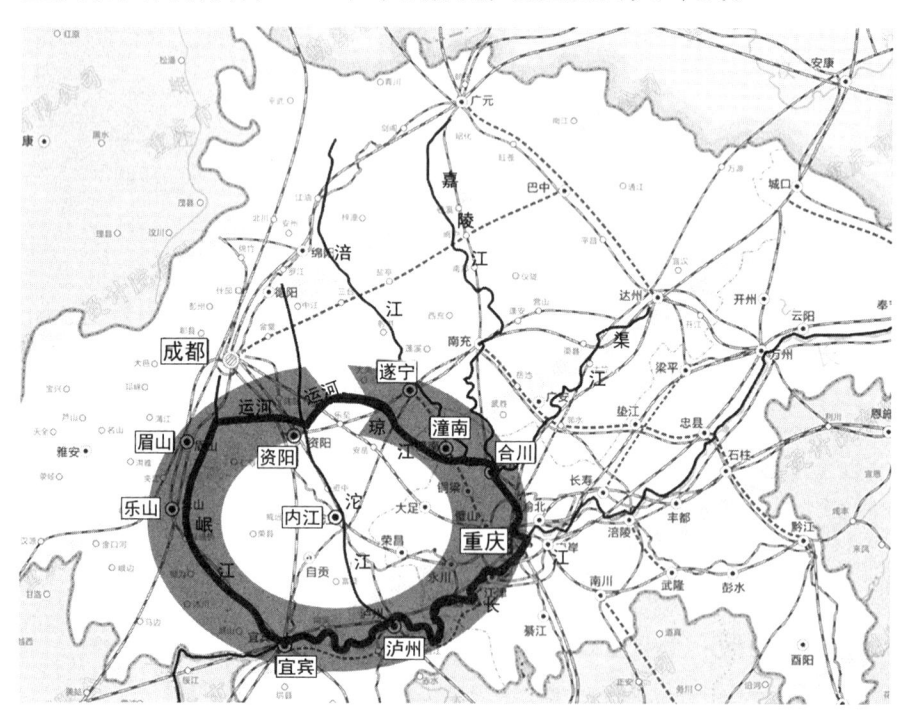

图3-8 "成渝地区运河大环线"示意图

> **"成渝地区运河大环线"线路布局方案**
>
> "成渝地区运河大环线"线路总长1036千米,其中:
> ➢ 1.嘉陵江段:朝天门至合川,95千米。
> ➢ 2.涪江段:合川至铜梁安居,35千米。
> ➢ 3.琼江段:铜梁安居至遂宁安居,155千米。
> ➢ 4.人工运河:从遂宁安居至资阳,70千米。
> ➢ 5.人工运河:从资阳至眉山,88千米。
> ➢ 6.岷江段:眉山至宜宾,235千米。
> ➢ 7.长江段:宜宾至朝天门,358千米。

(3)措施三:建设"渝西水上通道"

为更好地让水运通道通达成渝地区的地级市、区(县)等经济体,考虑进一步在"成渝地区运河环线"的基础上增加一条纵线,连接渝西大足、荣昌等经济体,建设"渝西水上通道"。

"渝西水上通道"的布局方案为:在琼江通过关溅河19千米进入平滩河,经平滩河33千米到达回龙镇,从回龙镇至大足开挖人工运河11千米,接入濑溪河,从濑溪河经125千米水路到达泸州胡市镇并在此处汇入沱江,与成渝地区运河环线相接。"渝西水上通道"线路总长188千米。

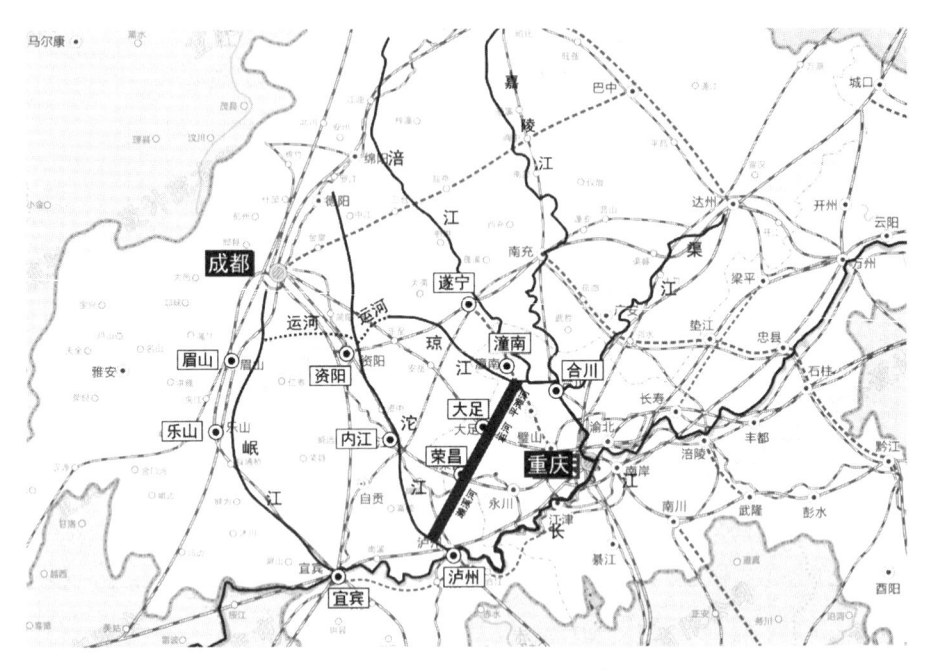

图 3-9 "渝西水上通道"示意图

"渝西水上通道"线路布局

"渝西水上通道"线路总长 188 千米。其中：

➢1. 琼江—关溅河段：铜梁安居至平滩河口，19 千米。
➢2. 平滩河段：小渡镇至回龙镇，33 千米。
➢3. 人工运河：回龙镇至大足，11 千米。
➢4. 濑溪河段：大足至胡市镇，125 千米。

"成渝地区运河环线"及"渝西水上通道"的运河越岭段地处深丘或低山地带，运河两端的高差不大，可通过建设梯级水利枢纽实现水流连通。而开挖运河之外的涪江、沱江、岷江、濑溪河均规划建设有枢纽，可实现连续渠化，提升航道等级。因此，通

过一定的枢纽改造和运河越岭段的开挖建设,运河环线及渝西水上通道是可行的。

(三)建设"5000吨级航道延伸工程",助力长江经济带战略的实施

1. 长江经济带战略

2016年9月,《长江经济带发展规划纲要》正式印发,确立了长江经济带"一轴、两翼、三极、多点"的发展新格局:"一轴"是以长江黄金水道为依托,发挥上海、武汉、重庆的核心作用,推动经济由沿海溯江而上梯度发展;"两翼"分别指沪瑞和沪蓉南北两大运输通道,这是长江经济带的发展基础;"三极"指的是长江三角洲城市群、长江中游城市群和成渝城市群,充分发挥中心城市的辐射作用,打造长江经济带的三大增长极;"多点"是指发挥三大城市群以外地级城市的支撑作用。

推动长江经济带发展,有利于走出一条生态优先、绿色发展之路,让中华民族母亲河永葆生机活力,真正使黄金水道产生黄金效益;有利于挖掘中上游广阔腹地蕴含的巨大内需潜力,促进经济增长空间从沿海向沿江内陆拓展,形成上中下游优势互补、协作互动格局,缩小东中西部发展差距;有利于打破行政分割和市场壁垒,推动经济要素有序自由流动、资源高效配置、市场统一融合,促进区域经济协同发展;有利于优化沿江产业结构和城镇化布局,建设陆海双向对外开放新走廊,培育国际经济合作竞争新优势,促进经济提质增效升级,对于实现"两个一百年"奋斗目标和中华民族伟大复兴的中国梦,具有重大现实意义和深远历史意义。

2. 建设"5000吨级航道延伸工程",助力长江经济带战略的实施

长江经济带战略以长江黄金水道为依托,充分利用长江黄金水道航运能力,构筑综合立体交通走廊,带动中上游腹地发展,引导产业由东向西梯度转移,形成新的区域增长极,为我国经济持续健康发展提供有力支撑。

而对于长江黄金水道的航运能力,从完成的货运量看,长江干流承载的货运量占95%,而支流仅有5%。主要是因为长江干流为5000吨级航道,通行的船舶为5000吨级及以上的船舶,可以一程直达上海,中间不需要任何的转船。可见5000吨级航道对重庆东向通道的战略作用至关重要,对于长江经济带战略的支撑作用尤为显著。

充分利用三峡库区向长江支流回水,在145米回水末端形成常年库区的优势条件,将5000吨级航道由长江干流向长江支流延伸。有效增加5000吨级航道里程,显著提升航道对货运量的承载能力,大幅增加5000吨级深水港口岸线,增强铁公水多式联运的节点连接,加快构筑综合立体交通走廊,扩大腹地服务半径,引导产业沿线布局,助力长江经济带战略的实施。

3. "5000吨级航道延伸工程"的规划布局

重庆境内现有的5000吨级航道为长江干线永川至巫山段,全长679千米。可充分利用三峡蓄水位对支流进行5000吨级航道延伸。

(1)乌江河口—涪陵白涛(26千米)

乌江河口至白涛26千米河段处于三峡常年库区,河面较宽,水深条件良好,具备提升至Ⅰ级航道的条件,通过适当治理,可以建设为5000吨级航道。

(2)小江河口—开州白家溪(51千米)

小江航道从上至下水深、航宽逐渐增加,上游白家溪及以上3千米河段为宽浅河段,白家溪以下至养鹿大桥为峡谷河段,养鹿大桥至养鹿镇段航道又逐渐放宽,养鹿镇以下至小江电站大桥段为峡谷河段,小江电站大桥至高阳镇段为放宽段,高阳镇以下至黄石镇为峡谷河段,黄石镇以下至河口段为放宽段。整体上白家溪至河口段由三段放宽段和三段峡谷河段组成。在航道放宽段,河宽达到500米左右,在缩窄河段河宽也有80米以上,白家溪至河口段处于三峡常年库区,整治后水深能得以保证,具备建设5000吨级航道的可能。

(3)梅溪河河口—奉节康乐(18千米)

梅溪河河口至奉节康乐18千米河段,河道开阔,处于三峡常年库区,整治后水深能得以保证,具备建设5000吨级航道的可能。

(4)黛溪河河口—奉节潮水溪(11.5千米)

黛溪河河口至奉节潮水溪11.5千米河段,河道开阔,处于三峡常年库区,整治后水深能得以保证,具备建设5000吨级航道的可能。

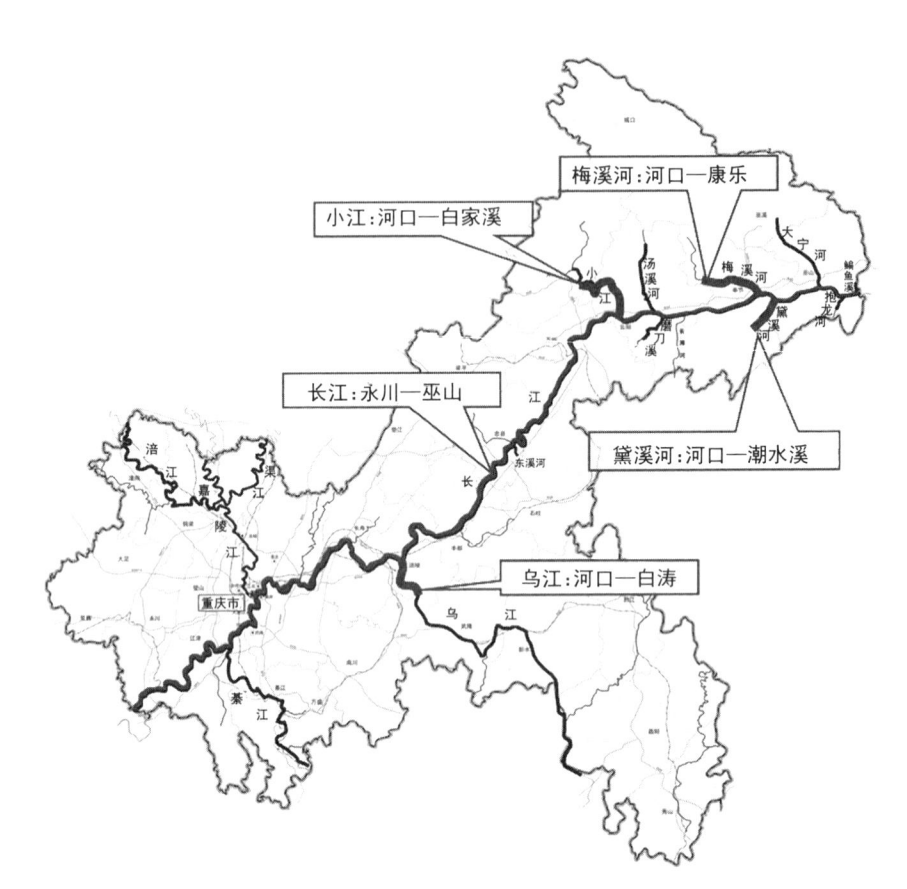

图 3-10　5000 吨级航道延伸示意图

通过以上分析，5000 吨级航道共可延伸 106.5 千米，增幅达 15.7%，大幅拓展了干支直达里程。若按现有 679 千米 5000 吨级航道承担的 95% 的货运量 2.2 亿吨计，约能增加 3300 万吨货运承载能力。更为重要的是，十分稀缺的 5000 吨级港口岸线大幅增加，有可能在涪陵白涛、开州、奉节等地形成一批新的枢纽型港口，带动三峡库区经济高质量发展。

(四)建设"綦江高等级航道",使其成为渝黔合作先行示范区水运大通道

1.渝黔合作先行示范区战略

2018年,重庆和贵州签署了《重庆市人民政府、贵州省人民政府合作框架协议》,将双方的合作提升到更宽领域、更高层次、更高水平,以实现新时代机遇共享、发展共赢。根据此次签署的合作框架协议,重庆和贵州双方将加强战略对接和政策互动,筑牢长江上游生态安全屏障,共同推进基础设施互联互通,深化重点领域产业合作,协力推进新区园区合作,共同打造无障碍旅游区,继续深化能源矿产领域合作,大力推进对外开放合作,共同构建公平统一的大市场,协同推进公共服务共建共享,力争把渝黔地区建成内陆开放型经济示范区、西部地区新的经济增长极和生态文明建设先行区,在西部地区树立省际合作新典范。

2019年3月,由渝黔两省市发展改革委共同编制的《渝黔合作先行示范区建设实施方案》(后文简称《实施方案》)正式对外发布。根据《实施方案》,重庆和贵州两地将按照"极点、沿线、沿边"的思路确定先行示范区范围,形成"点、线、面"合作新格局。其目标之一是成为体制机制创新先行示范,打造西部跨省市合作样板区。其中的"极点"以重庆市两江新区、贵州省贵安新区为依托,发挥两大国家级新区在内陆开放、经济发展、体制创新等方面的引领作用,形成带动渝黔合作的制高点和牵引点,借助主要通道,让两大极点牵引渝南黔北承外接内,成为辐射全国的重要战略区域。"沿线"则将促使綦江、万盛、遵义等沿线区

域中心城市首先加快发展,辐射引领国际陆海贸易新通道沿线区市县共筑繁荣经济带。"沿边"则是依托两地毗邻地区优良的生态环境、雄奇的地形地貌、富集的避暑康养资源、独特的少数民族文化,民同俗、水同源、山同脉的历史渊源,积极推动沿边区市县开展务实合作,形成示范片区。

表3-5 渝黔合作先行示范区范围

范围	省市	涉及区市县
极点	重庆市	两江新区
	贵州省	贵安新区
沿线	重庆市	綦江区、万盛经开区
	贵州省	遵义市红花岗区、汇川区、播州区、桐梓县、绥阳县、正安县
沿边	重庆市	江津区、南川区、武隆区、彭水县、酉阳县、秀山县
	贵州省	遵义市赤水市、习水县、正安县、道真县、务川县
		铜仁市碧江区、万山区、松桃县、沿河县

《实施方案》将推动渝黔合作先行示范区形成"一轴一核,一带三片"布局,形成多点迸发、竞相跨越的良好发展格局。《实施方案》提出重庆和贵州将共同建设国际陆海贸易新通道渝黔综合服务区,即依托"綦江—遵义"在连接亚欧大陆桥物流"垂直出海"方面的优势,延伸构建"黔渝新欧铁路物流专线",建立覆盖渝南黔北、面向全球的物流网络体系。

2.建设"綦江高等级航道",使其成为渝黔合作先行示范区的重要支撑

2020年4月,重庆市人民政府印发《重庆市推进西部陆海新通道建设实施方案》,进一步明确了綦江区在西部陆海新通道建设中的功能定位。綦江区位于西部陆海新通道规划中线主通道位置,是衔接重庆与西南乃至东南亚的重要交通节点,打造西部陆海新通道(綦江)综合服务区,对提升重庆市西部国际商贸物流中心地位,增强通道发展引领带动作用具有重要的现实意义。綦江(亦称"綦河")作为发源贵州、流经重庆、汇入长江的一条重要河流,贯穿渝黔合作先行示范区核心区,《渝黔合作先行示范区建设实施方案》提出打造区域黄金水道,加快綦河航道綦江枢纽建设。

将綦江提升为1000吨级高等级航道,并将其纳入国家高等级航道网,形成渝黔合作先行示范区的水上运输大动脉,建设成"渝黔合作示范区水运大通道",使其成为渝黔合作先行示范区的重要支撑。"綦江高等级航道"建成后,沿江两岸大宗货物可通过水路通江达海,助推沿江地区更好地融入"一带一路"、长江经济带之中。

3."渝黔合作示范区水运大通道"的建设布局

根据沿江踏勘资料及与綦江区、江津区等多个部门的走访会谈,形成"渝黔合作示范区水运大通道"建设布局方案,主要包括三个方面:第一,拆除车滩枢纽、綦江枢纽、石溪口枢纽等3个枢纽;第二,改扩建五福枢纽、桥溪口枢纽、桥河枢纽等3个枢纽;第三,在江口处新建新滩枢纽。最终使江口—桥河段90千米航道达到Ⅲ级航道标准,通行1000吨级船舶。

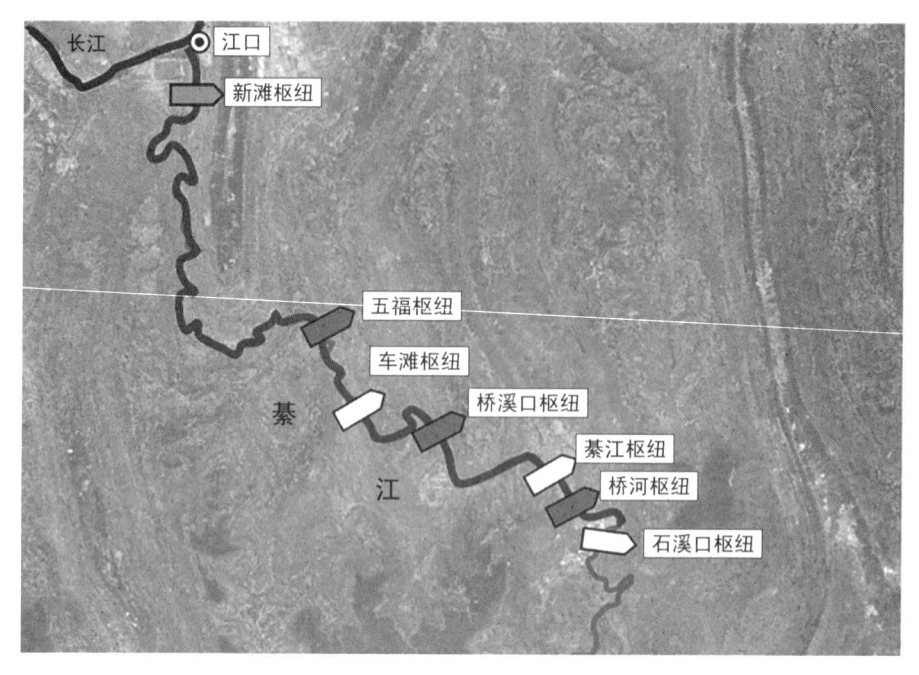

图3-11 "綦江高等级航道"建设方案布局图

(五)建设"涪江美丽智慧航道",使其成为交通强国战略的重庆示范

1.交通强国战略

2019年9月19日,中共中央、国务院印发《交通强国建设纲要》,明确从2021年到本世纪中叶,我国将分两个阶段推进交通强国建设。到2035年,基本建成交通强国。交通是兴国之要、强国之基,已上升为国家战略。

2020年9月,交通运输部下发《关于重庆市开展内陆国际物流枢纽高质量发展等交通强国建设试点工作的意见》,提出"提升涪江、渠江、小江等航道通过能力","打造涪江智能美丽航道"。加快建设双江枢纽,改造升级安居、渭沱等船闸通航设施,提升航道通过能力。推广生态友好型新材料、新结构、新工艺并广泛应用于航道生态修复、设计施工养护。利用现代通信技术,建设船舶智能通信系统,完善涪江航道电子航道图,形成规范高效的数字航道维护管理体系。2021年2月,重庆市人民政府下发《重庆市推动交通强国建设试点实施方案(2021—2025年)》,提出"利用现代通信技术,建设船舶智能通信系统,完善涪江航道电子航道图,形成规范高效的数字航道维护管理体系,推动航道管理数字化、智能化、可视化"。

2.建设"涪江美丽智慧航道",使其成为交通强国战略的重庆示范

按照"通、智、美"原则,开展涪江高等级航道建设。"通"就是畅通航道建设,按照高等级航道标准建设涪江航道,在"通"的基础上,同时实现"美"和"智"。构建信息化、自动化、智慧化的山区内河航道支持保障系统,推动"5G+北斗"等技术的航道场景应用,通过研究智能化船岸通信系统、航道水文气象感知系统、桥梁主动防撞预警系统的关键技术,将涪江智能航道打造为典范并推广示范。

3."涪江美丽智慧航道"建设方案

(1)畅通航道建设

各枢纽库尾河段生态航道治理:航道整治总体布局注重生境营造,采取符合水文连通要求的护岸、护滩措施,符合环境要求的筑坝、护岸材料选择,必要的地方采取防污帘等环保疏浚工艺等,进行生态航道建设。

船闸改扩建:按照1000吨级船闸标准对富金坝、安居、渭沱等航电枢纽的船闸进行扩建,工程中实施改良鱼道等生态措施,做到河库连通;采取生态护岸措施。

航道配套工程建设:进行航标、航道维护基地、维护船艇的建设。

(2)智慧航道建设

构建适合涪江山区河流的信息化、自动化、智慧化的航道系统。本次建设基于电子航道图及市港航协同管理平台,并融合VHF(甚高频)、AIS(船舶自动识别系统),通过5G/4G、北斗、物联网等新一代信息技术,逐步实现智能化船岸通信系统、航道水文气象感知系统、水上智能助航系统、船舶危险行为智能分析、桥梁智能安全预警系统等应用。

(3)美丽航道建设

结合航道治理工程,建设航道景观带。结合沿线地形特点,因地制宜,在尽可能保留原有景观特色的基础上,利用水生植物的造景和岸上植物的补栽,形成层次分明的沿河绿化景观带,营造滨水景观。

生态涵养区建设。选取适宜的支汊、河湾建设生态景观带,在河流发挥其航运、发电、供水等功能的同时,进一步实现其自净、生态、景观娱乐等综合功能。

(六)建设"小江高等级航道",使其成为万达开统筹发展示范区水运大通道

1.万达开川渝统筹发展示范区

万达开川渝统筹发展示范区的建设即是以万州、达州、开州三地聚焦重点领域,共同发力,围绕交通互联互通、产业协同发展、公共服务共建共享、开放创新合作、生态联防共治五方面,推动落实50余项重点合作事宜,以"一体化"思维助推万达开统筹发展,大力推动交通物流一体化、产业能源一体化、开放创新一体化、公共服务一体化和生态保护一体化。

要坚持"交通先行",共建区域交通枢纽,形成直联直通的交通基础设施体系。万达开川渝统筹发展示范区要求努力推动达州市、万州区、开州区区域成为成渝地区双城经济圈高质量发展的重要增长极和全国省际结合部统筹发展的样板地,在唱好"双城记"的同时,推动万达开川渝统筹发展示范区上升为国家战略,进而推动渝东北、川东北一体化发展。

2.建设"小江高等级航道",使其成为万达开川渝统筹示范区水运大通道

小江航道地处万达开川渝统筹发展示范区的中心地带,为万达开川渝统筹发展示范区水上物流大通道,为川陕地区进入长江的最便捷通道。目前万州、云阳深水岸线资源日益紧张,小江航道提升后,可大幅增加万达开川渝统筹发展示范区深水岸线资源。小江航道提升后,与万开路等6条高速公路和达万扩能铁路形成完善的铁公水联运综合交通体系,对于有效利用库

区深水岸线、改善消落区生态环境、促进库区经济社会可持续发展具有十分重要的作用。

小江高等级航道的建设方案有三个，以达州为起点，以云阳为终点，将三种方案中的运输方式进行如下对比：

方案一：铁路+水运，达州→开州→小江→长江。从达州，经达万扩能铁路到达开州，在开州港下水，经小江到达长江，通过5000吨级船舶到达云阳。方案一的资金成本为30元/吨，时间成本为5小时。

方案二：铁路+水运，达州→万州→长江。从达州，通过达万宜铁路到达万州，在万州港下水，沿长江航道，通过5000吨级船舶到达云阳。方案二的资金成本为40元/吨，时间成本为6小时。

方案三：水路，达州→渠江→嘉陵江→长江。从达州通过渠江水路到达嘉陵江，从嘉陵江到达长江，再沿长江干流到达云阳。方案三的资金成本为60元/吨，时间成本为70小时。

对资金和时间成本进行分析，方案一资金成本仅为30元/吨，时间成本仅为5小时，均为最优方案。因此建设"小江高等级航道"是万达开川渝统筹发展示范区物流通道提升的需要。

3."小江高等级航道"建设布局

小江航道提升方案：河口至白家溪51千米航道按Ⅰ级航道建设，建成后5000吨级船舶可直达开州港。建设航道尺度：4.5×135×670米（航深×航宽×弯曲半径，在特殊困难河段弯曲半径取480米）。

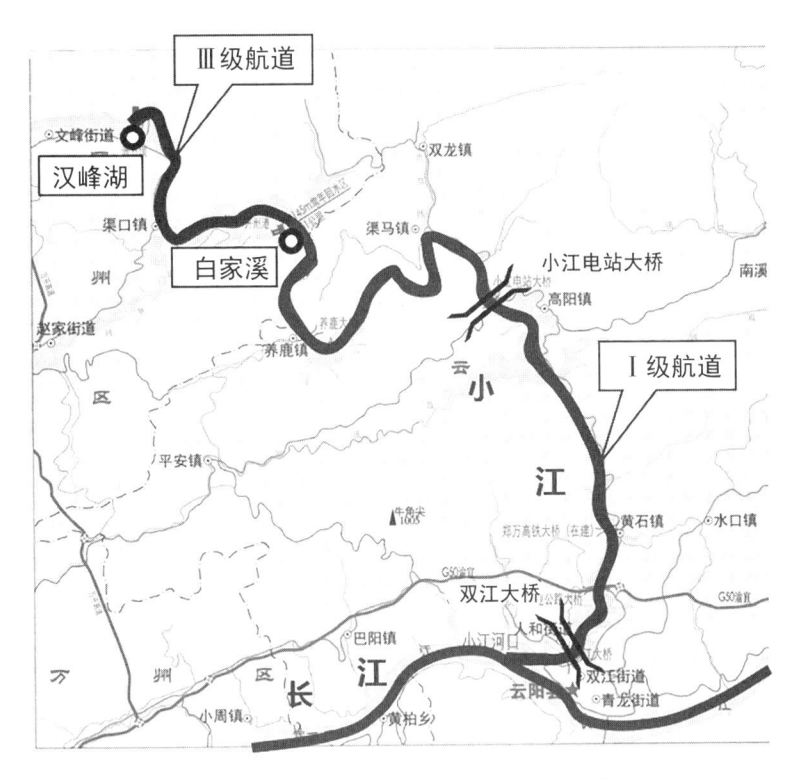

图3-12 "小江高等级航道建设"布局示意图

(七)建设"大宁河高等级航道",使其成为巩固当地脱贫成果的重要物流通道

1."大宁河高等级航道"是巩固当地脱贫成果的重要物流通道

2015年11月,中共中央、国务院颁布《中共中央国务院关于打赢脱贫攻坚战的决定》,提出"到2020年,稳定实现农村贫困人口不愁吃、不愁穿,义务教育、基本医疗和住房安全有保障。实现贫困地区农民人均可支配收入增长幅度高于全国平均水

181

平,基本公共服务主要领域指标接近全国平均水平"。

党中央团结带领全党、全国各族人民,把脱贫攻坚摆在治国理政突出位置,充分发挥党的领导和我国社会主义制度的政治优势,采取了许多具有原创性、独特性的重大举措,组织实施了脱贫攻坚战。坚持高质量打好脱贫攻坚战这一总体目标,围绕精准脱贫攻坚战实施方案和乡村振兴战略行动计划,聚焦"一达标、两不愁、三保障"脱贫标准,巫山县于2018年退出国家扶贫开发重点县,巫溪县于2020年退出国家扶贫开发重点县,巴东县于2020年退出国家扶贫开发重点县。

巩固拓展脱贫攻坚成果的任务依然艰巨,要确保脱贫成效可持续,脱贫不返贫,需要多措并举巩固提升脱贫攻坚成果,要持续发展壮大扶贫产业,继续加强保障脱贫地区产业发展的基础设施建设。

大宁河是位于重庆东部三峡库区长江北岸的一级支流,发源于重庆市巫溪县西宁与城口交界的碑梁子,自北向南流经巫溪、巫山两县,于巫山县城东注入长江。长期以来,流域内资源开发、工农业生产和人员进出均主要依托大宁河与长江干支相连的水运优势进行。大宁河航运在流域综合交通运输发展格局中具有重要的地位,是流域生产、生活物资对外交流的重要通道。大宁河经济腹地为重庆巫山、巫溪以及湖北巴东。

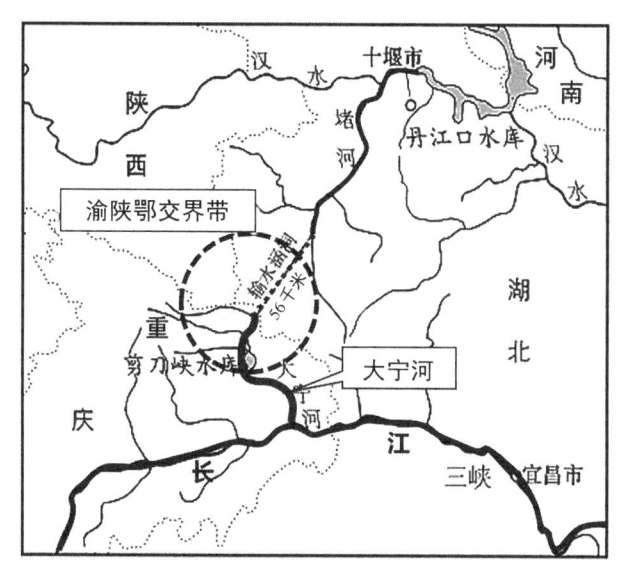

图 3-13 大宁河流域示意图

巫山县位于重庆市东部,地处三峡库区腹心,素有"渝东北门户"之称。巫山县矿产资源丰富,主要有黑色金属、有色金属、化工原料、非金属矿四大类,其中以煤、铁、硫铁矿、石灰岩、硫储量最多,分别为1.7亿吨、1.53亿吨、1亿吨、0.5亿吨。

巫溪县位于重庆市东北部,地处大巴山东段南麓,巫溪县地处渝陕鄂三省(市)交界,自然资源丰富,共发现矿产18种,探明储量的有8种。其中:煤有产地48处,储量达7000万吨;石灰石储量1.5亿吨;盐卤储量8.38亿立方米;大理石储量1亿立方米;磷矿探明储量406.45万吨;黄铁矿总储量2830万吨,可采1996万吨。

巴东县隶属于湖北省恩施土家族苗族自治州,位于湖北省西南部,南接宜昌五峰土家族自治县、鹤峰县,西交建始县、重庆市巫山县,巴东县已知矿产有23种。

水运是巫山、巫溪和巴东地区最重要的运输方式。大宁河流域是矿产和旅游资源富集地,由于没有铁路并且公路网等级不高,对大宗货物的运输能力显得不足,长期"以运定产",资源优势一直无法转变为经济优势。开发大宁河航运既可满足人民群众基本的交通运输需求,又可促进矿产和旅游资源开发、新农村建设,增加人民群众的就业机会,改善人民群众的生活,从而巩固拓展脱贫攻坚成果。

2."大宁河高等级航道"建设布局

大宁河全长165千米,流经巫山、巫溪两县,于巫山县注入长江。三峡水库145米水位运行时回水至徐家湾(据河口42千米),175米水位运行时回水至庙溪(距河口64千米)。河口至徐家湾42千米为Ⅲ级航道,徐家湾以上为等外级航道。

结合三峡水库蓄水情况,将大宁河航道分为两段进行整治提升。河口至大昌徐家湾42千米航道,属于三峡水库蓄水常年回水区,水深条件满足,可采取航道整治方案,将该段航道提升为Ⅱ级航道。

大昌徐家湾至巫溪县城航道,由于上游来流量有限,单纯靠整治措施难以达到Ⅲ级航道标准。结合大宁河干流梯级规划方案及南水北调补水工程,建设大昌、庙峡两座枢纽,同步建设1000吨级船闸,渠化大昌至巫溪县城36千米航道,将该段航道提升至Ⅲ级航道,进而总体提升大宁河河口至巫溪78千米航道等级。

三、支流航道提升方案

（一）嘉陵江航道等级提升方案

1.河流概况

嘉陵江发源于陕西省秦岭南麓，由北向南纵贯全川。西南流经甘肃省，于陕西略阳与西源西汉水汇合，经阳平关入川；南流经广元昭化，有主要支流白龙江汇入，又经苍溪于阆中、南部县境分别接纳东、西两河，经蓬安、南充、武胜至合川入渝，左岸接纳渠江，右岸纳涪江，于重庆朝天门河口汇入长江，全长1119千米，落差2300米，平均比降2.05‰，流域面积15.98万平方千米。广元铁路桥以上为上游，广元铁路桥以下至合川为中游，合川至重庆为下游。

广元至重庆段处于嘉陵江中下游，该段河床开阔、水流分散、航槽多弯、流态变化频繁，航道淤浅堵塞、滩险多。天然河道全长740千米，天然落差280米，平均比降0.43‰。合川至重庆段为嘉陵江下游，地势上升为深丘和山地，河流横切华蓥山背斜。嘉陵江纵贯丘陵山区，具有山区河流的特点，滩多水急，比降陡，含沙量洪枯差异大。阆中以上航道属山区峡谷地段，航槽单一，中、洪水流量归槽，水流造床作用强，泥沙淤积相对减少；阆中至合川段两岸冲刷严重，河床冲淤变化频繁，边滩发育、河道漏浩纵横、江心洲密布，河流平面形态弯曲异常，河弯极为发育，多处出现环形弯道，航道稳定性较差；合川至重庆段岸线整齐,航道水流急、弯道多,河床规则、水流集中、河势相对稳定。

重庆境内段为嘉陵江中下游。川渝分界处(黄帽沱)至合川59千米为中游,在此段左岸接纳渠江,右岸纳涪江,该段航道平均比降0.43‰,河道蜿蜒曲折,两岸冲刷严重,河床冲淤变化频繁,边滩发育、河道漏浩纵横、江心洲密布,航道稳定性较差。合川至朝天门95千米为下游,滩险较多,落差27.10米,平均比降0.30‰。该河道由丘陵区进入山区峡谷地带,两岸峭壁陡立、岸线整齐,航道水流急、弯道多,枯水最小流量达205立方米/秒,峡谷地带河床规则、水流集中、天然航道水深一般在1.5米左右。

2. 航道现状

(1)航道尺度等级现状

嘉陵江是交通运输部重点打造的国家战备航道,规划航道688千米。20世纪80年代末期马回枢纽的建设,拉开了嘉陵江渠化建设的序幕。目前,嘉陵江规划的梯级基本建成,全线渠化即将完成。

①广元至黄帽沱。

嘉陵江广元至黄帽沱段共534千米航道,河床开阔,边滩发育,支汊漏浩较多,水流分散,航槽变化大,多处出现马蹄形弯道,枯水河面宽100~300米,洪水河面宽500~1000米,平均比降0.36‰,一般流速为1.2米/秒。河段航道尺度1.2×30×300米,常年通行200~300吨级船舶,航道等级为V级。

2015年至2019年,四川省实施"嘉陵江川境段航运配套工程",对广元至黄帽沱534千米河段采取工程措施,实现航道尺度为1.9×50×480米(水深×双线航宽×弯曲半径)的整治目标,将航道维护标准由Ⅴ级提高到Ⅳ级。其中肖家河以上航道治理标准为1.6×30×330米。建设内容包括:对上石盘、亭子口、苍溪、沙溪、金银台、红岩子、新政、金溪、马回、凤仪、小龙门、青居、东西关、桐子壕、利泽等15级枢纽的库尾变动回水区的49个滩进行整治;马回船闸改造工程,对船闸上下游引航道清淤,改建部分水工建筑物、金结及启闭机等设备,补建下引航道靠船段,增设上下游锚地;建设航道维护设施。

②黄帽沱至合川。

嘉陵江从黄帽沱进入重庆境内。黄帽沱至合川59千米处于中游,左岸接纳渠江,右岸接纳涪江。该段航道平均比降0.43‰,河道蜿蜒曲折,两岸冲刷严重,河床冲淤变化频繁,边滩发育、河道漏浩纵横、江心洲密布,航道稳定性较差。枯水最小流量为124立方米/秒,航道一般水深为0.8~1.2米,枯水河面宽100~300米,洪水河宽500~1200米,洪枯水位差15米左右。由于该河段规划的利泽梯级还未建成,现航道维护等级为Ⅴ级,航道维护尺度为1.3×(25~30)×(250~300)米,通航保证率为95%,可通航100~300吨级船舶。

③合川至重庆。

合川至重庆属嘉陵江下游河段,航道里程95千米,落差27.10米,平均比降0.30‰。该河道由丘陵区进入山区峡谷地带,两岸峭壁陡立、岸线整齐,航道水流急、弯道多,枯水最小流量达205立方米/秒,峡谷地带河床规则、水流集中,天然航道水深一般在1.5米左右,航道维护等级为Ⅳ级,航道尺度1.5×40×400米,可通航300~500吨级船舶,通航保证率为95%。随着三峡枢纽工程正常蓄水、草街枢纽建成蓄水和嘉陵江草街至河口68千米航道整治的实施,该段航道基本达到Ⅲ级航道标准(2.0×60×480米),但难以满足长江上游水系1000吨级船舶吃水要求。合川至草街航道维护尺度为3.0×60×480米。草街以下至河口于2009年至2014年按航道尺度2.0×60×480米、通航保证率95%进行了整治。

表3-6 嘉陵江重庆境内航道等级、尺度现状

分段起讫点	通航里程/千米	现状等级	航深	航宽	弯曲半径
黄帽沱—合川	59.0	Ⅴ级	1.3	25~30	250~300
合川—草街	27.0	Ⅲ级	3.0	60	480
草街—重庆朝天门	68.0	Ⅲ级	2.0	60	480

表头"航道尺度/米"

草街至河口个别滩段航道全年维护尺度基本能达到1.6×50×340米(其中斑鸠背、飞缆子、桌子角等个别滩段枯水期按1.6×30×250米维护)。2019年航道水深达1.6米的保证率为95%,2020年为95.6%,可全年通行300吨级以下船舶;每年有约6个月时间水深达到2.0米,可通行500吨级船舶,保证率约50%;每年约有3个月时间水深达到2.8米时,可通行干支直达1000吨级船舶,保证率约50%。

草街至河口河段河床地形变化、水流分散,致使航道水深不足,这是该段航道条件较差的主要原因。上段草街近坝段水面下降,水深变浅。直接表现为在草街下泄流量为327立方米/秒(河段设计最低通航流量)时,北温泉水尺读数为-0.5米,只有

在流量达550立方米/秒时水位才达到原零点位置。北碚水文站统计资料也可以说明这一点，分析2012年至2019年水位资料，低于水位零点的天数达到25%，这说明河段水面已下降。下游河口段由于处在三峡水库回水变动区，受干流水位顶托造成回水段流速减小，航道泥沙淤积。如利滩、飞缆子在枯水期维护水深1.6米较困难，与1000吨级航道要求有较大差距。

(2) 拦河建筑物规划及建设情况

2008年12月，长江委编制完成《嘉陵江流域综合规划报告》。报告以干流规划为重点，完成的工作主要有：基础资料收集和分析研究；流域总体规划研究；流域水资源配置研究；根据规划目标、任务和总体布局，做了灌溉与供水、防洪、航运、发电、水土保持、水资源保护和流域综合管理等综合规划；近期工程选择；等等。报告结合嘉陵江流域治理开发任务、干流各河段的实际情况及国民经济发展的需求，综合过去梯级开发方案的研究成果，推荐嘉陵江干流中下游河段梯级开发规划方案为：上石盘(468米)+水东坝(458米)+亭子口(458米)+苍溪(373米)+沙溪场(364米)+金银台(352米)+红岩子(336米)+新政(324米)+金溪场(310米)+马回(292.7米)+凤仪场(280米)+小龙门(269米)+青居(262.5米)+东西关(248.5米)+桐子壕(224米)+利泽场(213米)+草街(203米)+井口(177.5米)，共18级。

《嘉陵江流域综合规划报告》(修编)正在编制过程中。

目前，嘉陵江干流梯级渠化开发已全面进入实施阶段，广元以下已建成亭子口、苍溪、沙溪场、金银台、红岩子、新政、金溪场、马回、凤仪场、小龙门、青居、东西关、桐子壕、草街等14座梯级。重庆境内尚有利泽枢纽正在建设中,井口枢纽处于前期研究中。嘉陵江航道梯级建设情况见表3-7。

表3-7 嘉陵江梯级建设情况表

序号	枢纽名称	距河口里程/千米	建设进展	正常蓄水位/米	回水里程/千米	过船建筑物型式	有效尺度/米 长度	有效尺度/米 闸室宽度	有效尺度/米 槛上水深
1	亭子口	584.3	建成	458.0	150.0	升船机	116	11.7	2.5
2	苍溪	572.5	建成	373.0	11.8	船闸	120	16	3.0
3	沙溪	547.0	建成	364.0	21.0	船闸	120	16	3.0
4	金银台	516.0	建成	352.0	23.0	船闸	120	16	3.0
5	红岩子	490.0	建成	336.0	29.9	船闸	120	16	3.0
6	新政	451.0	建成	324.0	37.0	船闸	120	16	3.0
7	金溪	409.0	建成	310.0	41.0	船闸	120	16	3.0
8	马回	378.0	建成	292.5	36.0	船闸	120	16	2.5
9	凤仪	346.5	建成	280.0	24.0	船闸	120	16	3.0
10	小龙门	328.5	建成	269.3	20.0	船闸	120	16	3.0
11	青居	287.0	建成	262.5	23.0	船闸	120	16	3.0
12	东西关	216.0	建成	248.5	50.0	船闸	120	16	3.0
13	桐子壕	172.0	建成	224.0	40.0	船闸	120	16	3.0
14	利泽	138.0	在建	210.725	29.7	船闸	180	23	3.5
15	草街	68.6	建成	203.0	180	船闸	180	23	3.5
16	井口	21.0	前期工作	180.5	47	船闸	180	23	4.2

注:亭子口升船机有效尺度为承船厢有效水域尺寸。水东坝枢纽由于缓建,其梯级情况未列入。

嘉陵江(重庆境内)各梯级通航特征水位见表3-8。

表3-8 嘉陵江(重庆境内)各梯级通航特征水位

枢纽名称	正常蓄水位/米	上游最高通航水位/米	上游最低通航水位/米	下游最高通航水位/米	下游最低通航水位/米
桐子壕(四川)	224.0	228.06	223.00	226.59	209.45
利泽	210.725	217.82	210.3	217.17	202.00
草街	203.00	203.00	200.00		176.30
井口(专题研究)	180.5	192.53	179.5	192.31	165.7
三峡工程	173.3	173.3	143.3		

从上表可以看出，嘉陵江(重庆境内)共3级枢纽，最上一级利泽与四川境内桐子壕完全衔接(利泽上游最低通航水位210.3米，高于上一级下游最低通航水位209.45米)，而利泽与草街之间为不完全衔接，草街与井口之间完全衔接，井口与三峡工程之间不完全衔接，在三峡消落水位143.3米时，水位相差20余米。

（3）跨河建筑物现状

嘉陵江重庆境内跨河桥梁情况见表3-9及表3-10。

表3-9 嘉陵江草街库尾桥梁现状表

序号	桥名	距河口里程/千米	桥型	通航净高
1	沙溪大桥	79.8	斜拉桥	>10米
2	南屏大桥	93.0	斜拉桥	>10米
3	合阳大桥	95.8	连续拱桥	>10米
4	云门大桥	110	连续刚构	>10米
5	白果渡大桥	113	连续刚构	>10米

表 3-10 草街至河口河段跨河建筑物概况表

序号	名称	距河口里程/千米	结构形式	主通航孔 净高/米	主通航孔 净宽/米
1	千厮门大桥	1.0	单塔斜拉桥	28	312
2	黄花园大桥	2	连续刚构	23	250
3	牛角沱嘉陵江大桥	5	连续刚构	14	81
4	渝澳大桥	5.0	连续刚构	24.68	155
5	轻轨三号线嘉陵江大桥	5.1	连续刚构	24.68	155
6	嘉华大桥	7.4	连续刚构	35.5	228
7	轻轨九号线嘉华专用桥	7.6	连续刚构	17.84	245
8	红岩村嘉陵江大桥	9.8	双塔斜拉桥	37.16	365
9	石门大桥	12	斜拉桥	16	226
10	轻轨环线高家花园大桥	14.1	斜拉桥	15.3	333
11	高家花园复线桥	14.43	连续刚构	25	153
12	高家花园大桥	14.6	连续刚构	25	153
13	双碑大桥	17.4	单塔斜拉桥	27.7	318.1
14	渝怀铁路井口大桥	25	连续刚构	37	144
15	兰渝铁路新井口大桥	25.04	连续刚构	42.58	219
16	礼嘉嘉陵江大桥	27	连续刚构	26.65	233
17	渝合高速马鞍石大桥	31	连续刚构	43	236
18	蔡家嘉陵江大桥	32.5	连续刚构	77.55	308
19	轨道六号线蔡家大桥	33.2	矮塔斜拉	66.75	239
20	嘉悦大桥	40	矮塔斜拉	57.5	250
21	重庆宝山嘉陵江大桥	42.9	连续刚构	45.59	234
22	嘉陵江水土大桥	50.5	连续刚构	30	231
23	遂渝铁路新北碚大桥	55	连续刚构	12	158
24	兰渝铁路桐子林双线大桥	55.2	连续刚构	26.9	158

续表

序号	名称	距河口里程/千米	结构形式	主通航孔 净高/米	主通航孔 净宽/米
25	渝襄铁路朝阳铁路桥	55.3	下承式钢桁梁桥	32	138
26	兰渝铁路朝阳嘉陵江大桥	55.8	连续刚构	16.76	165
27	朝阳公路吊索桥	55.9	吊索桥	14	186
28	北碚朝阳二桥	56.1	钢管砼中承式拱桥	10.77	225.58
29	碚东大桥	57.5	连续刚构	10	218
30	渝合高速北碚嘉陵江大桥	60	连续刚构	10	180
31	遂渝铁路草街大桥	66.6	连续刚构	19	152
32	兰渝铁路新草街大桥	66.64	连续刚构	24.95	149

从上表可以看出,跨江桥梁均满足10米净高的要求。结合调研跨江线缆情况,从提高至Ⅲ级航道所需净空角度,跨河建筑物不为制约因素。

(4)航道设施现状

嘉陵江重庆境内上段(黄帽沱至利泽)未进行航道设施的建设。

嘉陵江重庆境内中段(利泽至草街)正在实施"嘉陵江草街库尾航道整治工程一期工程",建设内容包括航标配布、交通标志牌建设、水尺建设、航道控制网建设和航道图测量、视频监控系统建设5项内容;已完成航标配布、交通标志牌建设、水尺建设等工程。提升航道尺度等级的"嘉陵江草街库尾航道整治工程"正在进行工可研究。

嘉陵江重庆境内下段(草街至河口)于2008年至2017年实

施"嘉陵江河口至草街段航道整治工程",治理嘉陵江草街至河口68千米航道。该段航道基本达到Ⅲ级航道标准(2.0×60×480米),但难以满足长江上游水系1000吨级船舶吃水要求。整治按内河一类航标配布进行航道设施建设。建设的主要内容包括航标109座、安全标志44处、水尺11处、维护基地2处、趸船2艘、维护艇2艘、VHF通信基站2处、视频监控7处等。建成后,草街至河口河段航标达到内河一类航标配布要求,航道设施总体满足航运要求,但信息化、智能化程度不高。

3. 航道存在的问题

随着利泽枢纽的兴建,利泽坝址至上游川渝交界处的黄帽沱河段随水位的抬高水深增加,将成为优良的航道。根据嘉陵江重庆境内的跨河建筑物现状分析,从提高至Ⅲ级航道所需净空角度,跨河建筑物不为制约因素,通航建筑物的尺度达到Ⅲ级要求。

嘉陵江重庆段航道存在的问题主要体现在以下几个方面。

一是草街库尾至利泽仍有部分河段航道尺度不足,需要进行治理。草街水库正常蓄水位203米时,嘉陵江干流段回水至利泽场,库长71千米(其中坝址至合川库长27千米);当草街枢纽坝前水位消落至死水位202米时,或入库流量大于6000立方米/秒时,坝前水位降至200米,这时库尾有4处滩险碍航。其中竹林角滩(据河口132.2千米)处于弯道,凸嘴凸出江心而碍航。小龙咀滩(据河口139.0千米)、门栓石滩(据河口121.0千米)和猫儿碛滩(140.2千米)为整体水深不足,需要大面积疏浚。航道尺度标准为2.8×60×480米,同时需要建设航道维护基地等设施,工程投资约1.5亿元。

二是草街以下至朝天门河段,仍然存在航道尺度不足和部分滩险水流条件差的问题。当时进行航道治理的27处滩险基本达到了预期的2.0×60×480米尺度标准,但其后因清水下泄,河床下切,水面下降等原因,目前实际维护航道尺度为1.6×50×340米。渠江航道正在按2.8×60×480米建设,工程建成后,将出现上游航道尺度大,下游出口航道尺度小的局面,从航道尺度上下游协调衔接角度要求对嘉陵江草街至河口段航道尺度进行提升建设。

三是相关部门为嘉陵江高质量航运发展提供了基础服务保障,但目前还存在航道专业人员短缺,专业船艇、装备偏少,航道信息化程度偏低的问题,维护能力较弱。

4. 重点河段数学模型分析

草街至河口成为嘉陵江通航1000吨级船舶的瓶颈河段,与三峡工程水位也不衔接。为了探索河段通过整治提高航道等级的可能性,选取两处重点滩段(蹇家梁和利滩)进行开挖后水深增加情况的数值模拟计算。

(1)河段概况

蹇家梁河段距河口约15~22千米,左岸为普通砂岩、黏土覆盖,存在大石梁(蹇家梁),成为枯水岸线,右岸多为岩石和砂卵石,岸坡稳定,变化较小。该河段于2009—2014年间进行过系统整治,整治前碍航因素主要包括:枯水航道在蹇家梁尾部与横盘碛上首通过,航道弯、窄、浅、险;横盘碛中下段航道航槽两侧浅、窄。采取的整治措施为切除伸入航槽内的凸嘴,同时对航槽进行疏浚,以达到修整岸形、调整水流、提高水深、改善流态的目的。该河段整治后,横盘碛中上段航道弯曲,横盘碛下段河段放宽,流速放缓,随着时间推移,泥沙在航槽内不断淤积,造成目前该段航槽整体水深不足,形成碍航滩险。

利滩河段距河口约31~37千米,利滩是有名的枯水险滩,河床质以卵石为主,左岸有众多石盘、石梁,右岸为一大碛坝,该碛坝在扁担石对面伸出一暗碛,名"锅肚碛",枯水期潜入水下约0.5~0.8米。历史上进行了多次整治,在外石梁与下石盘之间筑了一座堵坝,自外石梁下端起向下至恶狗堆筑了一座长顺坝,同时采取了疏浚、炸礁等措施,进口段航道尺度有所增加。整治减弱了横流,但险情尚未消除,疏浚连年不断,坝头洲逐年发展,形成关门浅,左岸已建顺坝,坝轴线过分弯曲,水流扫弯严重,使得航道窄、弯、浅、险而碍航。

(2)二维水流模型建立

本研究采用平均水深控制体积法建立二维水流数学模型进行分析计算。

①二维水流模型。

垂向采用平均水深流速分布,即:

$$h\bar{u}=\int_{-d}^{\eta}udz, h\bar{v}=\int_{-d}^{\eta}vdz$$

结合水平动量方程和连续性方程,三维水流控制方程可简化成下列二维水流控制方程。

水流连续方程:

$$\frac{\partial h}{\partial t}+\frac{\partial h\bar{u}}{\partial x}+\frac{\partial h\bar{v}}{\partial y}=hS$$

X、Y方向水平动量方程分别如下：

$$\frac{\partial h\bar{u}}{\partial t}+\frac{\partial h\bar{u}^2}{\partial x}+\frac{\partial h\bar{u}\bar{v}}{\partial y}=f\bar{v}h-gh\frac{\partial \eta}{\partial x}-\frac{h}{\rho_0}\frac{\partial \rho_a}{\partial x}-\frac{gh^2}{2\rho_0}\frac{\partial \rho}{\partial x}+\frac{\tau_{sx}}{\rho_0}-\frac{\tau_{bx}}{\rho_0}-$$

$$\frac{1}{\rho_0}(\frac{\partial S_{xx}}{\partial x}+\frac{\partial S_{xy}}{\partial y})+\frac{\partial}{\partial x}(hT_{xx})+\frac{\partial}{\partial y}(hT_{xy})+hu_sS$$

$$\frac{\partial h\bar{v}}{\partial t}+\frac{\partial h\bar{u}\bar{v}}{\partial x}+\frac{\partial h\bar{v}^2}{\partial y}=f\bar{u}h-gh\frac{\partial \eta}{\partial y}-\frac{h}{\rho_0}\frac{\partial \rho_a}{\partial y}-\frac{gh^2}{2\rho_0}\frac{\partial \rho}{\partial y}+\frac{\tau_{xy}}{\rho_0}-\frac{\tau_{by}}{\rho_0}-$$

$$\frac{1}{\rho_0}(\frac{\partial S_{yx}}{\partial x}+\frac{\partial S_{yy}}{\partial y})+\frac{\partial}{\partial x}(hT_{xy})+\frac{\partial}{\partial y}(hT_{yy})+hv_sS$$

式中剪应力T_{ij}包括粘性应力、涡粘应力和对流梯度应力，通过下式进行估算。

$$T_{xx}=2A\frac{\partial \bar{u}}{\partial x}, T_{xy}=A(\frac{\partial \bar{u}}{\partial y}+\frac{\partial \bar{v}}{\partial x}), T_{yy}=2A\frac{\partial \bar{v}}{\partial y}$$

式中τ_{bx}，τ_{by}是河床切应力，可由下式计算：

$$\vec{\tau}_b=(\tau_{bx},\tau_{by}), \vec{u}_b=(u_b,v_b), \frac{\vec{\tau}_b}{\rho_0}=c_f\vec{u}_b|\vec{u}_b|$$

式中c_f为阻力系数，对于二维问题$\vec{u}_b$是平均水深流速，摩阻流速$U_{\tau b}$与床面阻力关系如下：

$$U_{\tau b}=\sqrt{c_f|u_b|^2}$$

c_f可通过谢才系数C或曼宁系数M来计算。

$$c_f=\frac{g}{C^2}, c_f=\frac{g}{(Mh^{1/6})^2}$$

式中τ_{sx}，τ_{sy}是风剪应力，本工程不考虑风的影响。

②定解条件。

A.边界条件。

数学模型通常使用开边界和闭边界两种边界条件。开边界条件给出入流和出流边界条件,塞家梁河段模型上游入流边界给定流量 Q=327 立方米/秒,下游出流边界给水位 H=164.59 米(吴淞)。利滩河段模型上游入流边界给定流量 Q=327 立方米/秒,下游出流边界给水位 H=167.52 米(吴淞)。

对于闭边界要求在边界上不发生过流。在计算迭代过程中,每次时间步长应有一个新水位,因此每一次迭代计算按新的边界位置进行。根据不可入原理,闭边界取法向流速为0,即:

$$\vec{U}\cdot\vec{n}=0 \qquad (3-4)$$

另外,对于边滩和心滩随水位的升降边界发生变动时,采用动边界技术。动边界处理采用连续动边界处理法,临界计算水深取0.10米。

B. 初始条件。

计算开始时,整个计算区域内各点的水位、流速值就是计算的初始条件,即:

$$\zeta(x,y,t_0)=\zeta_0(x,y) \qquad (3-5)$$

$$U_x(x,y,t_0)=U_{x0}(x,y) \qquad (3-6)$$

$$U_y(x,y,t_0)=U_{y0}(x,y) \qquad (3-7)$$

一般情况下初值都是通过估算给出的,与实际值并不一致,不过,经过一定时间以后,即使初值有一定的误差,在计算过程中也将会随着时间而逐渐消失。

C. 河流阻力。

河床糙率不仅与河床的粗糙程度及河床形态有关,而且与水深、流速有关。根据水面线及流速的验证,确定模型河段的糙率在0.025~0.065之间。

D.地形资料。

本次河段地形采用长江重庆航道测绘处2017年10月测量的1∶5000地形图。

E.河段网格剖分。

蹇家梁河段模拟范围为距河口15~22千米,全长7千米。采用三角形单元对计算域进行网格剖分,在整治工程区域按疏密渐变的方式划分,剖分后的网格如图3-14所示:

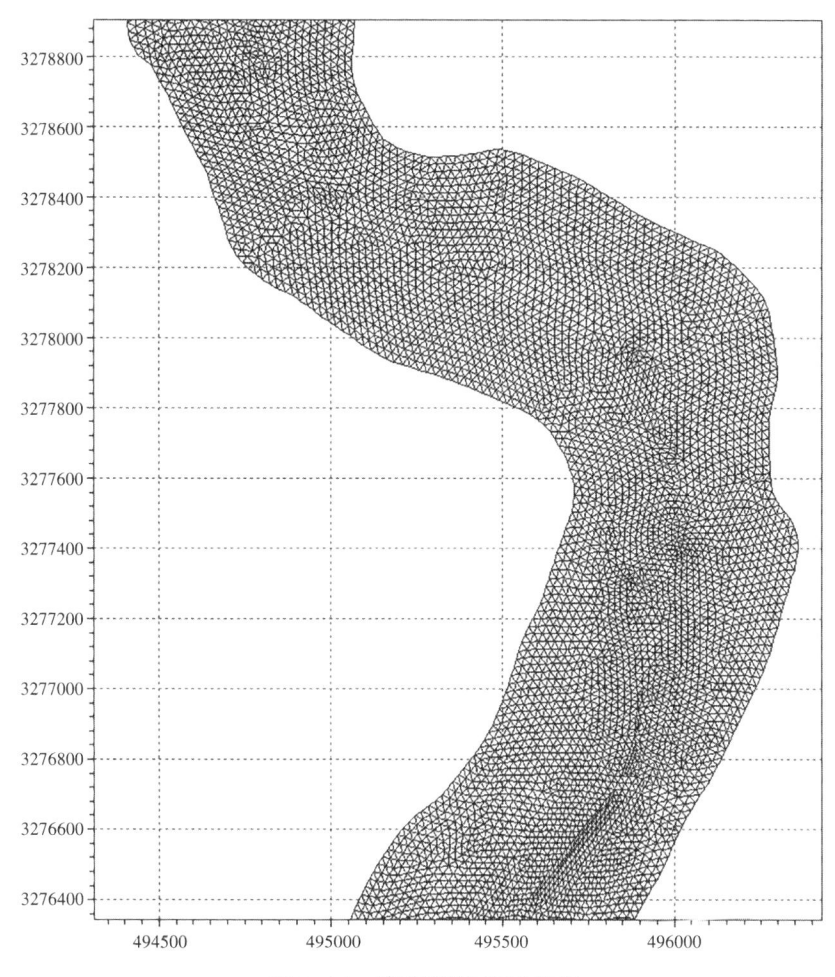

图3-14 蹇家梁河段网格图

利滩河段模拟范围为距离河口25～40千米,全长15千米,采用三角形单元对计算域进行网格剖分,在整治工程区域按疏密渐变的方式划分,剖分后的网格如图3-15所示:

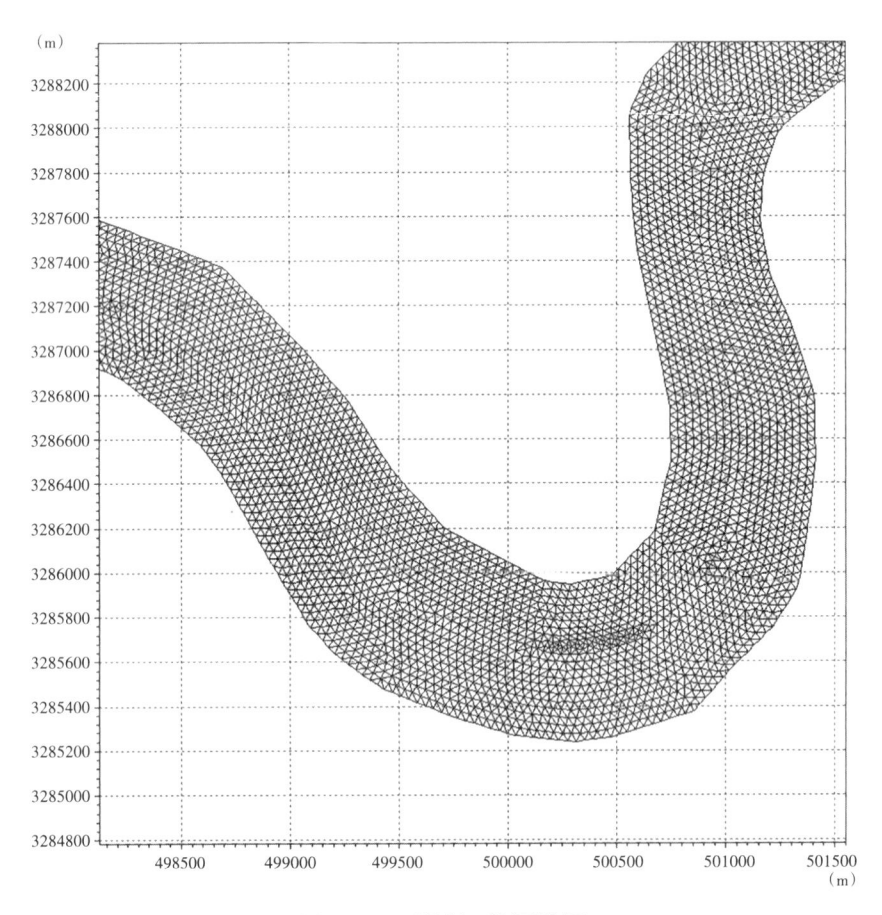

图3-15 利滩河段网格图

（3）模型方案

表3-11　蹇家梁河段模型计算工况表

河段	距河口里程	序号	方案	上游边界流量	下游边界水位
蹇家梁	15~22千米	1	未开挖	Q=327立方米/秒	H=164.59米
		2	开挖河底高程163米		
		3	开挖河底高程162米		
		4	开挖河底高程161米		

表3-12　利滩河段模型计算工况表

河段	距河口里程	序号	方案	上游边界流量	下游边界水位
利滩	25~40千米	1	未开挖	Q=327立方米/秒	H=167.52米
		2	开挖河底高程168米		
		3	开挖河底高程167米		

（4）计算结果分析

①蹇家梁河段。

A.滩段水面线分析。

通过数模计算结果分析可得，在整治后，滩段中上部由于河道弯窄，河底开挖对水面线影响大，滩段下部由于河道放宽，河底开挖对水面线影响较小。从表3-13可看出滩段中上部按方案一（163米开挖高程）整治前后水面平均下降约0.22米，按方案二（162米开挖高程）整治前后水面平均下降约0.32米，按方案三（161米开挖高程）整治前后水面平均下降约0.38米，由此可知开挖深度越大引起水面线降落幅度越大。而滩段下部按三个方案整治前后水位变化均不大。滩段整治前后水位线整体呈现下降趋势。

表3-13 蹇家梁滩整治前后水位变化分析表

滩段采样点间距/米	方案一（163米开挖高程）			方案二（162米开挖高程）			方案三（161米开挖高程）		
	整治前水位/米	整治后水位/米	变化/米	整治前水位/米	整治后水位/米	变化/米	整治前水位/米	整治后水位/米	变化/米
0	165.64	165.24	−0.40	165.64	164.97	−0.67	165.64	164.85	−0.79
200	165.55	165.12	−0.42	165.55	164.89	−0.66	165.55	164.81	−0.74
400	165.13	164.98	−0.16	165.13	164.83	−0.30	165.13	164.78	−0.35
600	164.92	164.87	−0.05	164.92	164.79	−0.13	164.92	164.76	−0.16
800	164.95	164.87	−0.08	164.95	164.79	−0.16	164.95	164.76	−0.19
1000	164.79	164.81	0.02	164.79	164.77	−0.02	164.79	164.75	−0.04
1200	164.69	164.70	0.01	164.69	164.73	0.04	164.69	164.73	0.04
1400	164.71	164.72	0.01	164.71	164.73	0.02	164.71	164.73	0.02
1600	164.70	164.71	0.01	164.70	164.72	0.02	164.70	164.72	0.02
1800	164.69	164.70	0.01	164.69	164.70	0.01	164.69	164.71	0.02

B.滩段水深分析。

从数模结果分析可知，整治后航道内水深在水面线降落及开挖深度增加两方面因素的综合影响下，整体水深呈现波动变化。从表3-14可以看出，滩段中上部由于水位降落较大，开挖深度虽增加，但整体水深增加不大，方案一整体水深平均增加仅0.19米左右，方案二增加仅0.77米，方案三增加仅1.7米；滩段下部由于水面线整治前后降幅不大，因此受开挖深度增加影响，整体水深增加相对较大，整治效果明显。同时，从整治后的水深数据可看出，按方案一、二整治后滩段部分位置并未达到2.8米水深要求，但按方案三整治后水深满足。

表3-14 蹇家梁滩整治前后水深变化分析表

滩段采样点间距/米	方案一（163米开挖高程）			方案二（162米开挖高程）			方案三（161米开挖高程）		
	整治前水深/米	整治后水深/米	变化/米	整治前水深/米	整治后水深/米	变化/米	整治前水深/米	整治后水深/米	变化/米
0	1.75	2.23	0.48	1.75	2.97	1.22	1.75	3.85	2.10
200	2.02	2.12	0.1	2.02	2.89	0.87	2.02	3.81	1.79
400	1.47	1.98	0.51	1.47	2.83	1.36	1.47	3.78	2.31
600	2.32	2.27	−0.05	2.32	2.79	0.47	2.32	3.76	1.44
800	2.89	2.81	−0.08	2.89	2.79	−0.10	2.89	3.76	0.87
1000	1.09	1.81	0.72	1.09	2.77	1.68	1.09	3.75	2.66
1200	1.81	1.82	0.01	1.81	2.72	0.91	1.81	3.73	1.92
1400	3.12	3.14	0.02	3.12	3.14	0.02	3.12	3.73	0.61
1600	3.38	3.39	0.01	3.38	3.39	0.01	3.38	3.72	0.34
1800	3.68	3.69	0.01	3.68	3.70	0.02	3.68	3.71	0.03

C. 滩段流场分析。

滩段整治前航槽流速分布不均匀，局部流速最高达3米/秒，最低流速0.2米/秒。整治后航槽内流速分布均匀：按方案一整治后，流速分布范围为0.5~1.5米/秒；按方案二整治后，流速分布范围为0.5~1米/秒；按方案三整治后，流速分布范围为0.5~1米/秒。总体来看，滩险整治后流速改善明显。

D. 沿程水位分析。

从表3-15可知，滩险段河底开挖导致河段沿程水位整体呈下降趋势。从水位下降幅度来看：紧邻滩险上游位置由于河道地形为深潭,此处水位降低幅度较大,方案一平均降低0.37米,方案二平均降低0.65米,方案三平均降低0.78米;而深潭往上游位置,由于深潭对水位降低的消散作用,该处水位降低幅度小,三个方案平均降低不超过0.1米,滩险整治对此处水面线影响不大。

表3-15 蹇家梁河段整治前后水位变化分析表

河段采样点间距/米	方案一（163米开挖高程）			方案二（162米开挖高程）			方案三（161米开挖高程）		
	整治前水位/米	整治后水位/米	变化/米	整治前水位/米	整治后水位/米	变化/米	整治前水位/米	整治后水位/米	变化/米
0	166.08	166.00	−0.08	166.08	165.98	−0.10	166.08	165.98	−0.10
600	165.81	165.65	−0.16	165.81	165.62	−0.19	165.81	165.62	−0.19
1200	165.65	165.28	−0.38	165.65	165.00	−0.65	165.65	164.87	−0.78
1800	165.66	165.28	−0.37	165.66	165.00	−0.66	165.66	164.87	−0.79
2400	165.65	165.28	−0.37	165.65	165.00	−0.65	165.65	164.87	−0.78
3000	165.65	165.28	−0.37	165.65	165.00	−0.65	165.65	164.87	−0.78
3600	165.64	165.24	−0.40	165.64	164.98	−0.66	165.64	164.86	−0.78
4200	165.13	164.98	−0.15	165.13	164.83	−0.30	165.13	164.78	−0.35
4800	164.79	164.81	0.03	164.79	164.77	−0.02	164.79	164.75	−0.04
5400	164.70	164.71	0.01	164.70	164.72	0.02	164.70	164.72	0.02
6000	164.69	164.69	0.00	164.69	164.70	0.01	164.69	164.70	0.01
6600	164.69	164.70	0.01	164.69	164.70	0.01	164.69	164.70	0.01
7200	164.59	164.58	0.00	164.59	164.58	−0.01	164.59	164.58	−0.01

E.沿程水深分析。

从表3-16可知,滩险段整治后,由于水面线下降,蹇家梁河段除开挖段水深有不同程度增加外,滩险往上游水深均呈现下降趋势,尤其在深潭处水深下降明显;而深潭往上游水深变化不大,三个方案水深减少均不超过0.1米。因此,滩险整治对上游通航水深影响较小。

表3-16 蹇家梁河段整治前后水深变化分析表

河段采样点间距/米	方案一（163米开挖高程）			方案二（162米开挖高程）			方案三（161米开挖高程）		
	整治前水深/米	整治后水深/米	变化/米	整治前水深/米	整治后水深/米	变化/米	整治前水深/米	整治后水深/米	变化/米
0	3.95	3.87	−0.08	3.95	3.85	−0.10	3.95	3.85	−0.10
600	3.72	3.57	−0.15	3.72	3.54	−0.18	3.72	3.54	−0.19
1200	9.90	9.53	−0.37	9.90	9.25	−0.65	9.90	9.12	−0.78
1800	16.97	16.60	−0.37	16.97	16.32	−0.65	16.97	16.19	−0.78
2400	13.92	13.54	−0.37	13.92	13.27	−0.65	13.92	13.14	−0.78
3000	16.02	15.64	−0.38	16.02	15.36	−0.66	16.02	15.23	−0.79
3600	3.36	2.24	−1.12	3.36	2.97	−0.38	3.36	3.86	0.50
4200	1.47	1.98	0.49	1.47	2.83	1.36	1.47	3.78	2.31
4800	1.09	1.81	0.72	1.09	2.77	1.68	1.09	3.75	2.66
5400	3.38	3.39	0.01	3.38	3.39	0.01	3.38	3.72	0.34
6000	5.25	5.26	0.01	5.25	5.26	0.01	5.25	5.26	0.01
6600	22.16	22.17	0.01	22.16	22.18	0.02	22.16	22.18	0.02
7200	5.09	5.09	0.00	5.09	5.09	0.00	5.09	5.09	0.00

②利滩河段。

A.滩段水面线分析。

从表3-17可看出，滩段中上部在按方案一（168米开挖高程）整治前后滩段水面平均下降约0.782米，按方案二（167米开挖高程）整治前后水面平均下降约0.948米，由此可知开挖深度越大引起水面线降落幅度越大。而滩段下部按两个方案整治前后水位变化均不大。滩段整治前后水位线整体呈下降趋势，且滩段上部水位下降趋势十分显著。

表3-17 利滩整治前后水位变化分析表

距河口里程/千米	模型方案					
	（方案一）168米开挖河底高程			（方案二）167米开挖河底高程		
	整治前水位/米	整治后水位/米	变化/米	整治前水位/米	整治后水位/米	变化/米
34	170.504	170.508	0.004	170.504	170.51	0.006
34.2	170.491	170.496	0.005	170.491	170.52	0.029
34.4	170.598	170.631	0.033	170.598	170.54	−0.058
34.6	170.890	170.645	−0.245	170.890	170.55	−0.340
34.8	171.381	170.695	−0.686	171.381	170.58	−0.801
35	171.436	170.768	−0.668	171.436	170.62	−0.818
35.2	172.136	170.839	−1.297	172.136	170.64	−1.496
35.4	172.177	170.933	−1.244	172.177	170.69	−1.487
35.6	172.591	171.098	−1.493	172.591	170.79	−1.801
35.8	172.647	171.137	−1.510	172.647	170.82	−1.827
36	172.651	171.145	−1.506	172.651	170.83	−1.821

B. 滩段水深分析。

从数模结果分析可知,整治后航道内水深在水面线降落及开挖深度增加两方面因素的综合影响下,整体水深呈现波动变化。从表 3-18 可以看出,滩段下部水深变化较小,滩段中部水深显著增加,滩段上部水深显著减小。方案一整体水深平均减小 0.07 米左右,方案二增加仅 0.468 米。从整治后的水深数据可看出,按方案一整治后滩段部分位置并未达到 2.8 米水深要求,按方案二整治后水深满足。总体而言,理论上该滩段可通过开挖达到 2.8 米水深,但该水深增加主要在滩段中部,滩段上部水深下降趋势显著。

表 3-18　利滩整治前后水深变化分析表

距河口里程/千米	方案一(168 米开挖河底高程)			方案二(167 米开挖河底高程)		
	整治前水深/米	整治后水深/米	变化/米	整治前水深/米	整治后水深/米	变化/米
34	2.947	2.951	0.003	2.947	3.38	0.433
34.2	2.107	2.112	0.005	2.107	3.36	1.253
34.4	2.680	2.818	0.138	2.680	3.27	0.590
34.6	1.244	2.555	1.311	1.244	3.29	2.046
34.8	2.396	2.500	0.104	2.396	3.18	0.784
35	2.114	2.670	0.556	2.114	3.46	1.346
35.2	1.983	2.421	0.438	1.983	3.12	1.137
35.4	2.425	2.290	−0.135	2.425	2.92	0.495
35.6	3.249	2.646	−0.603	3.249	3.22	−0.029

续表

距河口里程/千米	模型方案					
	方案一（168米开挖河底高程）			方案二（167米开挖河底高程）		
	整治前水深/米	整治后水深/米	变化/米	整治前水深/米	整治后水深/米	变化/米
35.8	7.862	6.784	−1.078	7.862	6.80	−1.062
36	10.916	9.410	−1.506	10.916	9.09	−1.826

C. 滩段流场分析。

滩段整治前航槽流速分布不均匀，局部流速最高达3米/秒，最低流速0.4米/秒。整治后航槽内流速分布均匀：按方案一整治后，流速分布范围为0.5~1.5米/秒，按方案二整治后，流速分布范围为0.5~1.4米/s。总体来看，滩段开挖后流速情况改善明显。

D. 沿程水位分析。

从表3-19可知，利滩段河底开挖导致河段沿程水位整体呈下降趋势。从水位下降幅度来看，紧邻滩段上游水位变幅较小。滩段上游水面线开挖前后比降均较小，开挖后滩段上游水位下降显著，方案一上游水位下降最大值为1.97米，方案二上游水位下降最大值为2.21米。

表3-19 利滩河段整治前后水位变化分析表

距河口里程/千米	方案一（168米开挖河底高程）			方案二（167米开挖河底高程）		
	整治前水位/米	整治后水位/米	变化/米	整治前水位/米	整治后水位/米	变化/米
28.0	168.18	168.18	0.00	168.18	168.18	0.00
29.0	168.48	168.48	0.00	168.48	168.48	0.00
30.0	170.45	170.45	0.00	170.45	170.46	0.01
31.0	170.83	170.66	−0.17	170.83	170.63	−0.20
32.0	171.39	170.91	−0.48	171.39	170.82	−0.57
33.0	171.46	170.99	−0.47	171.46	170.90	−0.56
34.0	171.55	171.08	−0.47	171.55	170.97	−0.58
35.0	172.24	171.27	−0.97	172.24	171.09	−1.15
36.0	173.48	171.51	−1.97	173.48	171.26	−2.22
37.0	173.50	171.57	−1.93	173.50	171.34	−2.16
38.0	173.51	171.61	−1.90	173.51	171.38	−2.13
39.0	173.51	171.61	−1.90	173.51	171.38	−2.13
40.0	173.54	171.69	−1.85	173.54	171.48	−2.06

E.沿程水深分析。

从表3-20可知，滩段整治后，由于水面线下降，利滩河段除开挖段水深有不同程度增加外，滩险上游水深均下降趋势明显，方案一水深减小最大值为2.35米，方案二水深减小最大值为2.66米，可见滩险整治对上游通航水深有显著不利影响。

表3-20 利滩河段整治前后水深变化分析表

距河口里程/千米	模型方案					
	方案一（168米开挖河底高程）			方案二（167米开挖河底高程）		
	整治前水深/米	整治后水深/米	变化/米	整治前水深/米	整治后水深/米	变化/米
28.0	1.63	1.63	0.00	1.63	1.63	0.00
29.0	3.49	3.49	0.00	3.49	3.49	0.00
30.0	3.06	2.28	−0.78	3.06	2.28	−0.78
31.0	2.63	1.67	−0.96	2.63	1.67	−0.96
32.0	8.16	7.25	−0.91	8.16	7.25	−0.91
33.0	4.43	3.46	−0.97	4.43	3.46	−0.97
34.0	3.99	2.95	−1.04	3.99	3.38	−0.61
35.0	2.91	2.67	−0.24	2.91	3.46	0.54
36.0	11.74	9.41	−2.33	11.74	9.09	−2.65
37.0	6.90	4.56	−2.34	6.90	4.25	−2.65
38.0	14.28	11.94	−2.34	14.28	11.63	−2.65
39.0	7.91	5.56	−2.35	7.91	5.25	−2.66
40.0	8.44	6.09	−2.35	8.44	5.79	−2.65

5.航道等级提升的可能性分析

（1）河流水深总体较好、河宽适中，拓宽、拓深航槽不存在开挖岸坡的情况

嘉陵江重庆境内航道一般水深为3～5米，仅有局部滩险河段水深为1.6～3米。枯水河面宽100～300米，洪水河面宽500～1200米，洪枯水位差15米左右。河段内温塘峡、观音峡等峡谷

河段河面宽也达90米以上,若按60米航宽整治,不存在开挖岸坡的情况。

(2)跨临河设施、已建枢纽等外部影响因素较小

根据嘉陵江重庆境内的跨河建筑物现状分析,从提高至Ⅲ级航道所需净空角度,跨河建筑物不为制约因素。

(3)规划枢纽是否实施对航道提升影响大

已建和规划的通航建筑物的尺度达到Ⅲ级航道要求。嘉陵江(重庆境内)共3级枢纽,最上一级利泽与四川境内桐子壕完全衔接(利泽上游最低通航水位210.3米,高于上一级下游最低通航水位209.45米),而利泽与草街之间为不完全衔接,草街与井口之间完全衔接,井口与三峡工程之间为不完全衔接,在三峡消落水位143.3米时,相差20余米。因此,在嘉陵江所有规划枢纽都实施的情况下,井口以上河段航道建设条件较好,井口以下至河口航道治理难度小。因此井口枢纽上马与否,对嘉陵江航道提升影响重大。

(4)环境影响因素能够克服

航道提升工程的建设临近或穿越风景名胜区、湿地保护区时,据《风景名胜区条例》《重庆市湿地保护条例》,除进行项目环境影响评价外,尚应开展"生物多样性影响评价""湿地生态功能影响评价"等专题研究,采取相应的环境保护措施。当交通等民生基础设施涉及自然保护区实验区的区域时,需开展生物多样性影响评价,经林业局审批后实施,应对措施主要有两种:一是减小或不在自然保护区内实施工程;二是采取相应工程措施并获得相关许可,以实施航道提升工程。

(5)航道等级提升综合结论

结合数学模拟初步计算结果,塞家梁河段滩险的开挖引起的水面降落有限,降落值在0.37~0.7米之间;同时,降落值在上下游深槽间得到"消化",不同开挖方案引起的水位降落值在滩段上游的深潭处水位降落有限,水位降低不超过0.1米;通过开挖航道,水深能得到有效提高。而利滩河段通过开挖,水位降落较大,最大值达到1.97~2.21米,且降落值在上游减小趋势较小。初步研究成果表明,通过开挖大幅提高航道水深较困难,下一步应结合原观资料进一步研究。

结合河段自然条件、跨临河设施、已建枢纽、环境保护等外部影响因素综合分析,草街库区通过一次性建设将航道提升至满足1000吨级船舶通行的Ⅲ级航道,通航尺度达到2.8×60×480米。草街以下分步实施:首先将航道水深提至2.0~2.2米,航道尺度提升至(2.0~2.2)×60(40)×480米;其次,结合井口航运枢纽建设将航道提升至满足1000吨级船舶通行的2.8米水深航道,使通航尺度达到2.8×60×480米,满足1000吨级货船通航要求。

6.航道等级提升方案

(1)提升总体思路

嘉陵江重庆境内航道共约154千米。其中黄帽沱至利泽约15千米,在利泽枢纽建成后不存在碍航问题。利泽至草街71千米,利泽坝下有部分滩险水深不足,需要进行治理。草街以下共68千米,井口枢纽没有建设,三峡工程的消落水位和正常蓄水位都不与草街下游水位衔接,航道尺度和水流条件均较差,其提升分近、远期两步:近期将航道尺度提升至(2.0~2.2)×60(40)×

480米,通航保证率为95%,达到500吨级船舶通航要求;远期结合井口枢纽建设,使通航尺度达到2.8×60×480米,满足1000吨级货船通航要求。

(2)利泽至草街航道提升

本江段滩险多为砂卵石浅滩,部分为石质浅滩。滩险碍航特征主要表现为弯曲段凸嘴凸出江心造成水深不足而碍航。竹林角滩(据河口132.2千米)处于弯道,凸嘴凸出江心碍航。小龙咀滩(据河口139.0千米)、门栓石滩(据河口121.0千米)、猫儿碛滩(据河口140.2千米)为整体水深不足,需要大面积疏浚。本江段航道尺度标准为2.8×60×480米,同时需要建设航道维护基地等设施,工程投资约1.5亿元。

表3-21 碍航滩险一览表

序号	滩险名称	距河口航道里程/千米	碍航原因	河床质
1	猫儿碛	140.2	河段水深不足碍航	卵石、土质河床
2	小龙咀	139	河段水深不足碍航	卵石、土质河床
3	竹林角	132.2	凸嘴突出江心碍航	岩质、卵石、土质河床
4	门栓石	121	河段水深不足碍航	岩质、卵石、土质河床

(3)草街至河口航道提升

据河段的特点及航运需求的实际情况,加上枢纽建设的周期较长,该河段航道等级的提升采用远近结合的思路:近期实施航道整治改善工程,以满足对2.0~2.2米航道水深的需求;远期结合梯级的建设将航道水深提高至2.8米,同时进行部分航道治理。

①近期实施航道改善工程。

河段内由于采砂洲滩破坏而水流分散、清水下泄冲刷河床等原因导致水位下降,对于碍航问题特别突出的滩险,或为基岩但炸礁量很小,采取一定措施、较小投资就可改善航道条件的滩险,实施航道条件改善工程,工程目标为航道尺度达(2.0~2.2)×60×480米要求,对于炸礁工程兼顾2.8米水深。共治理滩险约15处。

②远期结合井口枢纽建设提升航道等级。

井口枢纽按180.5米正常蓄水位运行(初步考虑有1米左右调节变动水位),沿程低水位期的水位将提高2~16米,从草街至井口的15处滩险将被淹没不再碍航。而井口枢纽以下河段,在枯水位期,由于三峡工程蓄水的影响,水面将抬高约10~15米,只是在三峡水库水位消落期,又将恢复至天然状况,航道治理难度大大降低。推进井口航运枢纽建设是提高河段航道等级的有力方法。主要实施井口枢纽工程,同时进行航道整治。

表3-22 嘉陵江草街以下航道核查表

序号	滩名	距河口距离/千米	是否满足500吨级船舶通行（水深2.0米）	是否满足1000吨级船舶通行（水深2.8米）	说明
1	临江门	1.5	否	否	
2	金沙滩	2.5	否	否	
3	红砂碛	6.5	否	否	
4	猫耳石	8	否	否	
5	土湾	12	是	否	

续表

序号	滩名	距河口距离/千米	是否满足500吨级船舶通行（水深2.0米）	是否满足1000吨级船舶通行（水深2.8米）	说明
6	中渡口（石门）	12	是	是	处于控制河段（10.5~12米）中
7	蛮子滩	15	否	否	
8	油榨矶	17	否	否	
9	飞缆子	18	否	否	处于控制河段（17.4~19.4米）中
10	简家梁	19	否	否	
11	猪儿矶	22	是	否	
12	黄果矶	22.2	是	否	
13	黑羊石	25	是	否	
14	响水滩	29.33	否	否	
15	徐家滩	31.4	否	否	
16	利滩	35.08	否	否	处于控制河段（34.2~36.2米）中
17	王家滩	46.5	是	否	
18	汪家滩	47.3	是	是	
19	桌子角	48	否	否	处于控制河段（47.9~49.6米）中
20	下白鹤滩	51.33	否	否	
21	朱家沱	57	是	否	
22	红眼碛	58	是	否	
23	狗足湾	58.9	是	否	处于控制河段（47.9~49.6米）中

续表

序号	滩名	距河口距离/千米	是否满足500吨级船舶通行（水深2.0米）	是否满足1000吨级船舶通行（水深2.8米）	说明
24	础石滩	60	是	是	
25	锅铲石	60.1	否	否	
26	斑鸠背	66	否	否	
27	二郎滩	66.83	是	否	弯曲半径不足

(二)乌江航道等级提升方案

1.河流概况

乌江发源于贵州省威宁县乌蒙山东麓，乌江自西南向东北横贯贵州省铜仁、遵义、安顺、毕节和重庆市酉阳、彭水、武隆、涪陵等地，在黑獭堡入渝境，于涪陵汇入长江。入口距宜昌航道里程536千米。乌江干流（化屋基至涪陵）长700千米，流域面积8.8万平方千米。从河源到乌江渡为上游，落差1636米，平均比降3.40‰；从乌江渡到贵州沿河县城为中游，长346千米，落差336米，平均比降0.97‰；从沿河县城到涪陵河口为下游，长243千米，落差152米，平均比降0.62‰。

乌江重庆境内河口至龚滩段共188千米，为乌江下游河段，乌江沿途接纳阿依河、郁江、木棕河、芙蓉江等支流。乌江重庆境内河段河床深切，河道弯窄，两岸地势陡峻，多呈"V""U"形河谷，峡间为稍开阔河段，两岸有狭长台地，表层由沙壤土覆盖，其间有灰岩及页岩裸露，岸坡较稳定。峡谷河段江面宽70～120

米,两岸原生石梁、石盘及岩崩乱石、沟口冲积物形成的凸嘴交错,阻水挑流,流态紊乱;敞谷河段江面宽80~300米,中洪水期江面最宽达350米,枯水时两岸砂卵石边滩交错,河床砂卵石层形成弯、窄、浅碍航滩险。具有典型的山区河流特征。

乌江重庆境内目前已建有彭水500吨级升船机(59×11.4×2.3米)和船闸(62×12×2.5米),设计年通过能力510万吨(双向);银盘现有1000吨级船闸(120×12×4米),设计年通过能力1000万吨(双向);白马在建1000吨级船闸(190×23×4.7米),设计年通过能力2000万吨(双向)。

2.航道现状

乌江重庆段航道河道弯曲、河槽狭窄,滩多、水急,虽经多次治理,航道等级依然不高。近年来,水利枢纽开发建设与航道整治措施相结合,河段航道等级得到提升。河口至白马段已经按照Ⅲ级航道标准经过整治,整治后部分河段出现回淤情况,受各种外界因素影响,整治效果不明显,且白马以下为乌江货运量的集中段,大部分船舶均集中在白马以下段航行。涪陵的白马以上至彭水段已经开展Ⅲ级航道整治前期研究工作,即将实施航道整治以提升航道等级,彭水以上至龚滩为彭水枢纽库区河段,航道水深尺度均较大。故目前白马至河口段将成为乌江全线贯通的瓶颈河段,需要对乌江白马至河口段航道等级进行提升研究。

(1)航道尺度等级现状

乌江干流自乌江渡至涪陵河口段航道规划为全国内河高等级航道,航道长595千米。其中,乌江渡至龚滩407千米处于贵州省境内,龚滩至涪陵188千米处于重庆市境内。在天然状态下,乌江河道弯曲、河槽狭窄,滩多、水急,虽经多次治理,航道等级依然不高。

随着"西电东送"工程的实施,乌江干流逐步形成多个梯级,为高等级航道建设创造了有利条件,乌江渡枢纽以下规划的构皮滩、思林、沙沱、彭水、银盘枢纽已建成,白马枢纽处于筹建期,通过水利枢纽开发建设与航道整治工程相结合,近年来乌江部分河段的航道条件得到明显改善。

①乌江贵州省境内段(乌江渡—龚滩)航道现状。

"十二五"期间,贵州实施了乌江(乌江渡—龚滩)航运建设工程,干流乌江渡至龚滩河段407千米,支流清水河(洛旺河码头—河口)24千米,共计431千米已建成Ⅳ级航道,航道尺度为1.6×(30~50)×330米(水深×航宽×弯曲半径)。

②乌江重庆市境内段(龚滩—涪陵河口)航道现状。

"十二五"期间,重庆境内龚滩至银盘航道整治工程完成,黔渝交界的龚滩至彭水坝址河段为常年库区航道,达到了Ⅳ级航道标准;彭水坝址至银盘坝址为库区航道,银盘枢纽建成后,该河段为常年库区航道,达到Ⅳ级航道标准,航道维护尺度为1.6×50×330米。银盘坝址至白马坝址航道现条件较差,白马枢纽建成后,该段航道将成为白马枢纽常年库区航道,通过适当整治可达Ⅲ级航道,航道维护尺度将达2.7×45×480米;白马坝址至涪陵河口45千米为三峡枢纽的库区航道,现已达到了Ⅲ级航道标准,航道维护尺度2.7×45×480米,可常年通航1000吨级船舶。

（2）拦河建筑物规划及建设情况

①贵州省境内段（乌江渡—龚滩）拦河建筑物情况。

目前，贵州境内的沙沱、思林枢纽通航设施基本建成，构皮滩水电站翻坝运输系统工程已于2015年9月建成，构皮滩枢纽通航设施已经建成。

乌江渡坝址至构皮滩坝址航道长137千米，为构皮滩枢纽库区航道，其中常年库区航道89千米，回水变动区航道48千米；构皮滩坝址至思林坝址航道长89千米，为思林枢纽常年库区航道（思林枢纽死水位与构皮滩枢纽下游最低通航水位衔接）；思林坝址至沙沱坝址航道长115千米，为沙沱枢纽库区航道，其中常年库区航道92千米，回水变动区航道23千米；沙沱坝址至龚滩（黔渝界）航道长69.8千米，为下游重庆市境内的彭水枢纽库区航道，其中沙沱坝址至雷子滩16千米为回水变动区航道，雷子滩至龚滩53.8千米为常年库区航道。

②重庆市境内段（龚滩—涪陵河口）拦河建筑物情况。

乌江重庆市境内彭水枢纽500吨级通航设施全面建成通航，银盘枢纽1000吨级通航设施于2014年底建成，白马枢纽在建。乌江河口（涪陵）至白涛26千米为三峡库区常年回水区，白涛至中咀约80千米为三峡库区变动回水区。白马枢纽建成后，与银盘坝下衔接，白马以上至彭水段航道将实现连续渠化。

乌江重庆境内河段相关的枢纽特征水位见表3-23。从表中可以看出：彭水、银盘、白马枢纽间的水位完全衔接，利于航道的提升；而上游彭水与沙沱间有12米水位未衔接，下游白马与三峡水库之间高水位衔接，三峡水位消落期不衔接。

表3-23　乌江下游枢纽设计水位

枢纽名称	正常蓄水位/米	上游最高通航水位/米	上游最低通航水位/米	下游最高通航水位/米	下游最低通航水位/米
沙沱	365	365	353	297	290
彭水	293	293	278	225.8	211.4
银盘	215	215	211.5	190.6	179.88
白马	184	184	180	174.85	151.06
三峡工程	173.3	173.3	143.3		

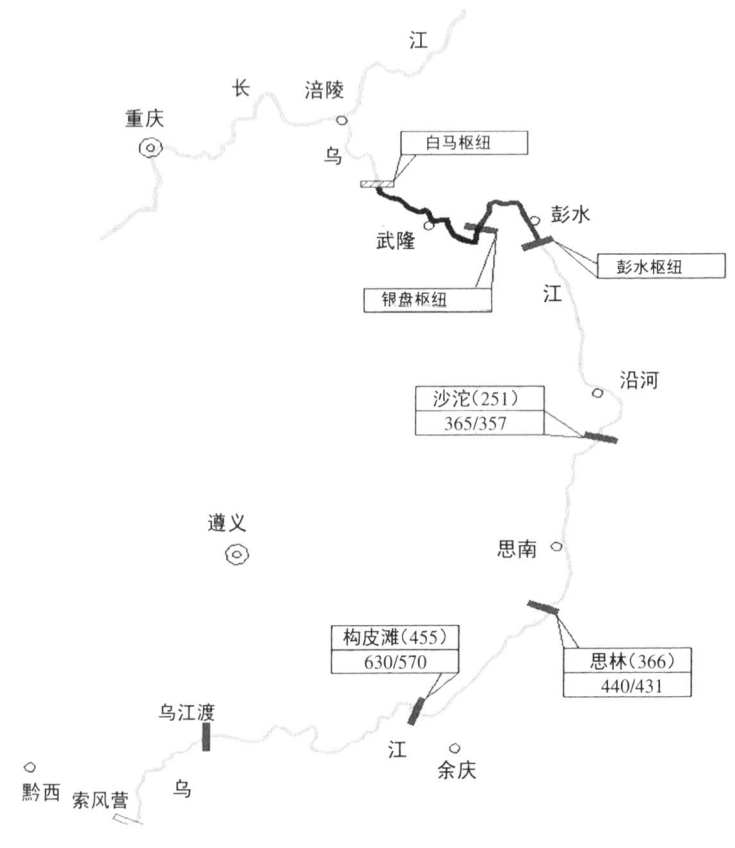

图3-16　乌江梯级枢纽位置示意图

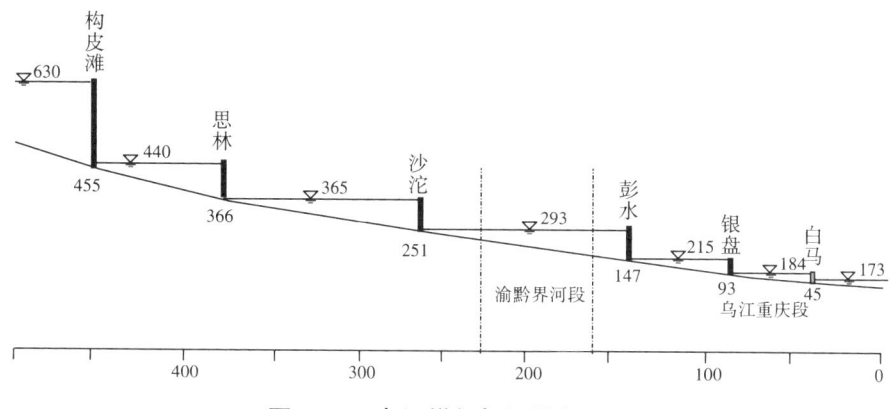

图 3-17　乌江梯级枢纽纵断面图

（3）跨河建筑物规划及建设情况

①重庆市境内河口至白马段跨河建筑物情况。

乌江河口至白马河段的跨河建筑物主要有 4 座桥梁：涪陵乌江二桥、涪陵乌江一桥、白岩口铁路大桥和白涛公路大桥。所有桥梁的净空尺度均满足Ⅱ级航道的通航净空尺度要求。临河建筑物主要为沿江大型工矿企业的专用码头等沿江码头。

②重庆市境内白马至彭水段跨河建筑物情况。

表 3-24　乌江白马至彭水枢纽河段跨河建筑物概况表

序号	名称	距河口里程/千米	结构形式	主通航孔 净高/米	主通航孔 净宽/米	用途
1	羊角乌江大桥	52.0	钢砼拱桥	10	122	公路
2	渝湘高速土坎乌江大桥	64.6	连续刚构	56	110	公路
3	武隆乌江二桥	67.5	连续刚构	12	140	公路
4	武隆污水管人行道桥	69.2	连续多跨箱形梁拱桥	13	98	污水管、人行

续表

序号	名称	距河口里程/千米	结构形式	主通航孔 净高/米	主通航孔 净宽/米	用途
5	武隆乌江一桥	70.3	连续多跨箱形梁拱桥	10	135	公路
6	武隆乌江三桥	72.5	连续刚构	12	139.4	公路
7	武隆乌江广岭大桥	77.5	连续刚构	13	197	公路
8	渝黔高铁太子坪特大桥	82	连续刚构	26	262	高铁
9	江口银盘乌江大桥	93.8	连续刚构	10	68	公路
10	渝怀铁路黄草乌江大桥	101.0	连续刚构	18.4	90	铁路
11	渝湘高速黄草乌江大桥	101.2	连续刚构	95.94	187	公路
12	龙溪乌江大桥	107.7	连续刚构	19.5	116	公路
13	渝湘高速共和乌江大桥	112.7	连续刚构	82.3	187	公路
14	高谷乌江大桥	121.1	钢砼拱桥	14	110	公路
15	渝怀铁路下塘口乌江大桥	125.5	连续刚构	21.36	118	铁路
16	乌江四桥	131.2	拱桥	18	140	公路
17	乌江四桥复线	131.2	拱桥	18	140	公路
18	彭水乌江两江大桥	135.2	钢筋混凝土拱桥	18	53	公路
19	南渡沱乌江大桥	137.1	拱桥	10	75	公路
20	彭水乌江三桥	138.4	钢筋混凝土拱桥	10	66	公路
21	彭水乌江五桥	136	连续刚构	16	55(双孔)	公路
22	彭水乌江六桥	146.7	拱桥	13.9	140	公路

从上表可以看出,白马至彭水段跨江桥梁均满足10米净高及相应净宽的要求,有12座桥梁的净高在10~16米之间。

③贵州省境内段(龚滩至乌江渡)跨河建筑物情况。

表3-25 贵州省境内段(龚滩至乌江渡)跨河建筑物情况表

桥梁名称	结构形式	设计最高通航水位/米	通航孔净高/米	通航孔净宽/米	所在位置
鹿角乌江索桥	其他	258.50	10.00		
沿河大桥	拱桥	308.88	25.90	66.00	彭水库区
沙沱大桥	拱桥	314.30	22.10	100.00	彭水库区
白果沱大桥	拱桥	375.00	25.00	100.00	沙沱库区
思南乌江大桥	梁桥	378.00	26.80	100.00	沙沱库区
回龙桥(大乌江)	拱桥	443.17	34.45	40.00	思林库区
构皮滩乌江临时大桥	其他	462.50	68.00	80.00	思林库区
构皮滩乌江大桥	梁桥	462.50	70.00	50.00	思林库区
构皮滩铁索桥	其他	463.00	68.00	50.00	思林库区
江界河大桥	拱桥	652.00	115.10	330.00	构皮滩库区
乌江铁路桥	梁桥	654.30	21.00	40.00	构皮滩库区
乌江大桥	其他	655.00	26.50	280.00	构皮滩库区
乌江渡公路桥	拱桥	655.00	16.00	86.00	构皮滩库区

从上表可以看出,乌江贵州省内段(龚滩至乌江渡)跨河建筑物均满足Ⅲ级航道通航净高、净宽要求。

(4)航道设施现状

①重庆市境内河口至白马段航道设施现状。

河口至白马段航道航标工程已经按照一类航标维护配备,

同时配套建设4处航道站,分别是涪陵河口航道站(地名:大东门,左岸,距河口0.5千米)、小石溪航道站(地名:小石溪码头,左岸,距河口13.5千米)、白涛航道站(地名:白涛码头,右岸,距河口26千米)、白马航道站(地名:白马码头,左岸,距河口45千米)。建设一处航道设施维修基地——涪陵乌江一桥航道维修基地。建设3处海事监督基地:涪陵地方海事局直属所(地名:大东门,左岸,距河口0.5千米)、涪陵地方海事局白涛所(地名:白涛镇,右岸,距河口26千米)、武隆地方海事局白马监督站(地名:白马码头,左岸,距河口45千米)。

②重庆市境内白马至彭水段航道设施现状。

白马至彭水段航道按照一类航标维护本段航道,建设了航标及配套工程、VHF船岸通信系统、视频监控系统、AIS船舶自动识别系统,配布了助航标志526座,建设航行水尺8处等。

3. 航道存在的问题

(1)滩险问题

乌江全江渠化后,部分枢纽的库尾存在回水变动段,虽然大部分回水变动段都经过了整治,但是部分滩段整治效果不理想,加之挖沙、弃渣等众多外界因素的影响,滩险滩势发生了变化,航道不能常年通行大吨位船舶。如白马以下至白涛河段存在回水变动段,另外构皮滩、沙沱、彭水3座枢纽水库存在回水变动河段,回水变动河段总长87千米,共有碍航滩险68个。近5年来,经过实施乌江(乌江渡—龚滩)航运建设工程,对乌江贵州境内的航道进行了整治,成功地按Ⅳ级航道标准整治了构皮滩、沙沱、彭水3座枢纽库区变动回水段滩险。整个回水变动区航道均存在累积性淤积的风险,下一步需要加强航道维护疏浚才能够使滩险碍航问题彻底得到解决。

(2)枢纽的不规律调度对航道带来的影响

枢纽对航道的影响主要表现为:各水电站运行无规律,发电时大流量、水位暴涨,不发电时,下泄流量小、水位迅速降低,航道水位暴涨、暴落,瞬时变幅大、变化频繁;在枯水期,部分电站无法保证基流;电站运行的无规律性增加了营运船舶搁浅、被迫停航等安全隐患;水电梯级下泄清水,引发大坝下游河道较长距离的冲刷,导致同等流量下航道水位较自然状态下的降低,使得航道因水深不足通而不畅。

(3)航道建成后的维护问题

航道全线贯通后,航道过往船舶的通过量大大增加,部分河段航道维护任务会加重,需要增加对航道的维护性投入,及时发现航道维护设施的问题并及时修复,才能确保航道的永久畅通。

4.航道等级提升的可能性分析

(1)河流水深、河宽特点分析

乌江重庆段航道地形右切割较深的狭窄河谷和开阔平坦的谷底构成宽窄相间的河流平面形态。本河段平均比降0.54‰,两岸山高坡陡,沟谷纵横,河床深切,多呈"V""U"形峡谷断面。峡谷河段总长占比70%,峡间为稍开阔河段,两岸有狭长台地,表层为沙壤土覆盖,其间有灰岩及页岩裸露,岸坡较稳定。峡谷河段江面一般宽70~120米,两岸原生石梁、石盘及岩崩乱石、沟口冲积物形成的凸嘴交错,阻水挑流,流态紊乱,宽浅河段江面宽150~300米,中洪水期江面最宽达350米,枯水时两岸砂卵

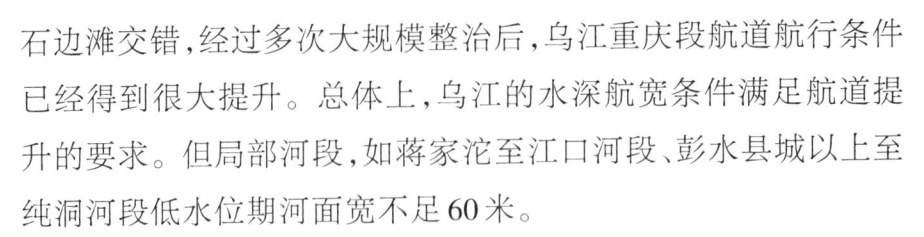

石边滩交错,经过多次大规模整治后,乌江重庆段航道航行条件已经得到很大提升。总体上,乌江的水深航宽条件满足航道提升的要求。但局部河段,如蒋家沱至江口河段、彭水县城以上至纯洞河段低水位期河面宽不足60米。

(2)跨临河设施、已建枢纽、环境保护等外部影响

经过多次调研及实测资料分析,乌江航道上所有跨河大桥均能满足高等级航道通航净空尺度要求。白马枢纽正在建设之中,船闸按照Ⅲ级航道标准建设,建成后可通行1000吨级船舶。银盘枢纽已经建成,船闸按照Ⅲ级航道标准建设,可通行1000吨级船舶。彭水枢纽已经建成,船闸+升船机按照Ⅳ级航道标准建设,可通行500吨级船舶,彭水船闸的二线通航方案已经进入前期研究阶段,按照二线1000吨级船闸修建。总体来看,乌江重庆段境内所有跨临河设施及枢纽建成后,均可以通行1000吨级船舶,具备航道等级提升的可能性。

乌江重庆段航道涉及的环境保护区域有茂云山县级自然保护区、长溪河市级自然保护区。另外,乌江航道穿越中国南方喀斯特武隆世界自然遗产地缓冲区,紧邻涪陵大木山市级自然保护区。

工程项目虽然部分处于生态敏感区内,但可以通过合理的工程布局、先进的爆破与疏浚清渣工艺,严格落实各项生态保护和污染防治措施,其建设对区域生态环境的影响小,不会改变区域环境功能,不会对长江三峡库区消落带和河滨敏感区产生明显影响。从环境保护角度出发,航道等级提升具有可行性。

(3)提升等级及尺度标准

综上所述,乌江重庆段航道具备航道等级提升的条件,可以

进行航道等级的提升。其中河口至白涛26千米河段处于三峡常年库区,河面较宽,具备提升至Ⅰ级航道的条件;白涛至白马河段19千米处于三峡库区变动回水区,约半年时间受三峡水库蓄水影响,可提升为Ⅱ级航道,相应的航道尺度为3.7×75×550米。白马至龚滩段按照内河航道等级标准提升为Ⅲ级航道是可能的,相应的航道尺度为3.3×50×480米。

5.航道等级提升方案

(1)乌江涪陵河口至白马段

乌江河口至白马45千米航道中,河口至白涛26千米河段处于三峡常年库区,河面较宽,具备提升至Ⅰ级航道条件,航道尺度达4.5×90×670米;白涛至白马河段处于三峡库区变动回水区,约有半年时间受三峡水库蓄水影响,可提升为Ⅱ级航道,相应的航道尺度为3.7×75×550米。需整治狮子口滩群、郭母子、大溪河口、上下边滩、大角邦、庙门滩、曲石子、小角邦及磨船背9处滩险。

(2)乌江白马至龚滩段

白马至龚滩河段全长143千米航道整治后,航道达到Ⅲ级航道标准,航道尺度为3.3×50×480米,共整治碍航滩险10个,其中银盘库区整治滩险3个,白马库区整治滩险7个。该项目工可编制已完成,待审批。

(3)彭水通航建筑物建设

对于彭水通航建筑物等级低的问题,采取增建一线通航建设物的措施进行升级改造。由于上下游水头差较大,达80米左右,且处在高山峡谷之中,拟采用通航隧道与高架渡槽结合的船

闸方式，但建设难度大，应加强通航安全、通航条件、构筑物安全等专项攻关研究。

(三)涪江航道等级提升方案

1.河流概况

涪江属嘉陵江右岸一级支流，发源于岷山东麓三舍驿的红星岩。自西北向东南流经平武、江油、绵阳、三台、射洪、遂宁、潼南，至合川汇入嘉陵江，流域面积36400平方千米，干流河长670千米，平均坡降1.4‰。涪江重庆市境内河长约136千米，河面宽度一般在500~600米，漫滩发育，沙洲、支壕较多，比降约0.42‰，自然落差56.7米。区域河段台地发育，农耕发达，植被较差，水土流失比较严重，形成的沙质浅滩较多。

依据1994年《四川省涪江流域水资源开发总体规划补充报告》和2013年《涪江干流潼南段梯级规划调整报告》，涪江干流(重庆市境内)共规划了双江、潼南、富金坝、安居和渭沱5个梯级，梯级开发任务均以发电和航运为主，目前潼南、富金坝、安居和渭沱梯级均已建成。

新中国成立前，涪江航道由于未进行过系统整治，航道以弯曲狭窄、滩多漕浅、水流湍急为特点，通航条件十分恶劣，事故频发。新中国成立后，为改善通航条件，由国家投资对涪江进行了初步整治，先后共整治了34个碍航险滩，通过切弯取直、炸礁扫床、疏浚维护和航标设置等，使航道得到基本治理，通航条件得到改善。

2.航道现状

(1)航道尺度等级现状

涪江系嘉陵江右岸最大支流,流经四川省遂宁与重庆市潼南、铜梁、合川等市区,在三星大坝进入渝境,渝境内长136千米,为涪江下游段,航道开发条件较好,是重庆规划建设的"一干两支六线"航道网络中的六线之一。

涪江重庆境内河段海拔200~700米,沿江两岸多为漫滩及冲积台地,河床渐次开阔,枯水河面宽100~300米,地质多为砂卵石,落差约40米,河道水面比降0.49‰,河床稳定,水流集中,航道一般水深0.8米、宽30米、弯曲半径200米,能通行60~100吨级船舶。

涪江潼南段人工运河汉江总长15.2千米,水面宽约50米,上接三块石大坝,下接莲花寺电站。运河上现有10座人行天桥、3座公路桥,运河河底高程239.0~241.0米,涪江河底高程225~233米,运河比涪江河底高8~14米。已建三块石和莲花寺船闸,等级为Ⅵ级,已建船闸为80吨级,船闸尺寸为110×12×3米(长×宽×门槛水深),进出闸口宽为8米。下游已建有潼南、富金坝、安居、渭沱航电枢纽,其中:潼南库区全长约22千米,航道等级为Ⅴ级;富金坝库区航道长约29千米,航道等级为Ⅴ级,通航船舶为300吨;安居梯级航道等级为Ⅵ级,已建船闸为100吨级;渭沱梯级航道等级为Ⅵ级,已建船闸为100吨级。上游已建有三星电站(四川境内),拦河坝预留有过船建筑物位置。

(2)拦河建筑物规划及建设情况

1994年,四川省水利水电勘测设计研究院完成《四川省涪江流域水资源开发总体规划补充报告》。根据报告,在涪江干流遂宁至合川河段规划了三星、双江、大佛场、富金坝、安居和渭沱6个梯级。

2013年3月26日,重庆市发展和改革委员会以渝发改能〔2013〕333号文批复了《涪江干流潼南段梯级规划调整报告》。该报告将重庆境内梯级调整为双江、潼南、富金坝、安居和渭沱5个梯级。遂宁至合川规划布局三星、双江、潼南、富金坝、安居和渭沱共6个梯级。

目前,涪江重庆境内已建成投产潼南、富金坝、安居、渭沱四座梯级,双江梯级已开工。随着涪江全江梯级渠化加速建设,腹地经济发展对水运的需求日益迫切,目前涪江仅为Ⅴ级航道,通航的300吨级船舶已不能充分发挥水运运量大、费用低的比较优势,因此,亟须提高涪江航道等级标准。

涪江遂宁至合川河段船闸等级及尺度见表3-26。从表中可以看出,富金坝、安居和渭沱3处船闸不能达到Ⅳ级要求。

表3-26 涪江(遂宁至合川)通航建筑物等级及尺度

枢纽名称	通航建筑物等级	闸室尺度 (长×宽×门槛水深,米)
三星(待建)	—	—
双江	Ⅳ级(兼顾1000吨)	150×23×4.2
潼南	Ⅳ级	120×12×3
富金坝	Ⅴ级	100×12×2.5
安居	Ⅵ级	100×8×2
渭沱	Ⅵ级	100×8×2

涪江重庆境内从上至下规划建设有双江、潼南、富金坝、安居、渭沱等枢纽，枢纽间设计最低通航水位衔接。涪江河口沿嘉陵江往下约24千米处建有草街枢纽，草街的正常蓄水位为203米，消落水位为200米，高于渭沱下游最低通航水位。可见，涪江梯级枢纽的建设为涪江航道等级的提升提供了良好的条件，仅需采取适当的航道整治和船闸改造措施，即可将航道提升为Ⅲ级航道。

表3-27　涪江重庆境内枢纽通航水位

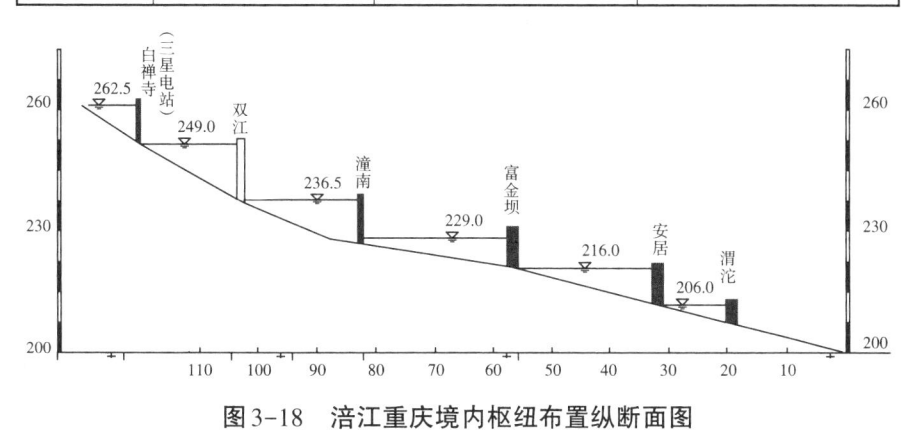

枢纽名称	通航建筑物等级	上游最低通航水位/米	下游最低通航水位/米
双江	Ⅳ级（兼顾1000吨）	248	235.5
潼南	Ⅳ级	235.5	227.5
富金坝	Ⅴ级	227.5	215
安居	Ⅵ级	215.5	206.27
渭沱	Ⅵ级	205	195.1

图3-18　涪江重庆境内枢纽布置纵断面图

目前，涪江重庆境内分别布置有渭沱作业区、涪江港区，港区现有码头3个,共有6个泊位,其中客运泊位2个,货运泊位4个。

(3)跨河建筑物现状

据现场走访调研和长江重庆航道测绘处2018年3月所测1:2000航道图,河段内跨河桥梁的净空尺度均满足内河Ⅲ级航道10米净高的要求,但有3处桥梁不满足净高18米的要求,对部分长江干支直达船型有限制,分别是涪江一、二、四桥。

表3-28 涪江重庆境内跨河建筑物概况表

序号	名称	距河口里程/千米	通航孔特征 最高点/米	宽/米	主通航孔 净高/米	净宽/米	设计高水位/米
1	薛家坝铁路大桥	129.2	295	109	>18	109	249
2	金佛大桥	93.8	260.516	107	19	107	236.6
3	莲花大桥	90.7	256.93	122	20	122	236
4	涪江特大桥	89.6	258	185	>18	185	236.5
5	东安大桥	84.1	305.357	190	>18	190	229
6	潼荣高速大桥	81.66	276.1	163	>18	160	229
7	穿井坝铁路大桥	14.77	226.92	120	>18	120	203
8	涪江四桥	5.92	229.47	160	17.5	145	203
9	涪江三桥	4.00	240.55	188	>18	150	203
10	涪江二桥	4.00	224.55	150	11.5	60	203
11	涪江一桥	0.9	221.22	130	13.2	60	203

据现场走访调研和长江重庆航道测绘处2018年3月所测1:2000航道图:河段内跨河线缆有1处线缆不满足内河Ⅲ级航

道10米净高的要求,需要改建,另有12处线缆不满足净高18米的要求,部分长江干支直达船型受限制。

表3-29 涪江重庆境内跨河线缆概况表

序号	名称	距河口里程/千米	垂弧最低点高程/米	最高通航水位/米	净高/米	备注
1	肖家湾过江电线	113.2	260.3	249	11	
2	金塘庵过江电线	109.8	298.84	249	48	
3	合安高速涪江特大桥下电缆	105.1	254.611	236.7	18	
4	河沟湾电线	92.5	249.958	236.7	13	
5	涪江特大桥电线	89.9	258.879	236.5	20	
6	潼南大坝上电缆	87.6	281.317	236.5	45	
7	东安大桥电线	83.5	272.545	229	42	
8	李德溪过江电线	77.1	253.94	229	24	
9	付家院子过江电缆	71.1	245.90	229	16	
10	中咀过江电线	70.1	263.359	229	34	
11	富金坝下高压过江电线	61.14	236.727	222.8	14	位于富金坝泄水闸与船闸之间,不为主航道
12	太和通信一组过江电线	59.78	243.032	222.5	20	
13	太和通信二组过江电线	59.77	238.289	222.5	15	
14	水闸过江电线	57.05	243.924	221.3	22	
15	太和下过江电线	56.06	232.027	220.9	11	
16	鱼箭坝高压过江电线	50.17	258.839	218.5	40	

续表

序号	名称	距河口里程/千米	垂弧最低点高程/米	最高通航水位/米	净高/米	备注
17	安居渡口下一幅高压过江电线	36.51	220.485	208	12	位于安居泄水闸与船闸之间，不为主航道
18	安居渡口下二幅高压过江电线	36.41	228.690	208	20	
19	安居渡口下一组通信过江电线	35.91	219.687	208	11	
20	安居渡口二幅高压过江电线	35.20	222.411	208	14	
21	杨树坝下第一幅过江电线	26.57	243.271	208	35	
22	杨树坝下第二幅过江电线	26.22	226.388	208	18	
23	渭沱电站上一组高压过江电线	23.46	231.518	208	22	
24	渭沱电站通信过江电线	22	216.255	208	8	需改建
25	渭沱电站电线一组过江电线	21.80	222.847	206	16	
26	渭沱电站电线二组过江电线	21.28	222.291	206	16	
27	铁路下一组过江电线	13.66	231.273	203	28	
28	铁路下二组过江电线	13.60	230.887	203	27	

续表

序号	名称	距河口里程/千米	垂弧最低点高程/米	最高通航水位/米	净高/米	备注
29	合川涪江四桥第二组过江电线	7.49	232.368	203	29	
30	合川涪江四桥第一组过江电线	7.44	235.297	203	32	
31	合川涪江三桥第一组过江电线	4.22	237.929	203	34	
32	合川涪江三桥第二组过江电线	4.12	245.889	203	42	
33	涪江二桥上一组过江电线	2.23	226.428	203	23	
34	涪江二桥二组过江电线	1.65	228.926	203	25	
35	涪江二桥一组过江电线	1.60	231.51	203	28	
36	合川涪江一桥过江电线	0.95	218.779	203	15	

（4）航道设施现状

涪江重庆境内包括航标设施、交通标志设施、视频监控设施等在内的支持保障系统并未建设。

3.航道存在的问题

随着双江枢纽的兴建，双江坝址至上游川渝交界处的三星河段随水位的抬高水深增加，将有效改善航道条件。

涪江重庆段航道存在的问题主要体现在以下几个方面。

一是涪江重庆境内已建成的通航建筑物中,潼南船闸为500吨级、富金坝船闸为300吨级、安居船闸为100吨级、渭沱船闸为100吨级,船闸级别低。

二是涪江航道未进行过系统整治,航道弯曲狭窄、滩多槽浅。双江、潼南、富金坝、安居、渭沱库尾河段航道水深较小,水深不足的浅区合计长约9千米。

三是航道还存在航道专业人员短缺,专业船艇、装备偏少,航道信息化程度偏低的问题,维护能力较弱。

4. 航道等级提升的可能性分析

(1)涪江重庆境内梯级渠化后水位衔接,河宽适中,拓宽、拓深航槽不存在开挖岸坡的情况

涪江重庆境内航道一般水深为2~5米,仅有局部滩险河段水深为1.3~3米。枯水河面宽100~300米,洪水河宽500~1200米,洪枯水位差15米左右。河段基本不存在峡谷河段,不存在开挖岸坡的情况。

(2)跨临河设施不为航道等级提升的制约因素

河段内跨河桥梁的净空尺度均满足内河Ⅲ级航道10米净高的要求,但有3处桥梁不满足净高18米的要求。河段内跨河线缆有1处不满足内河Ⅲ级航道10米净高的要求,须改建;另有12处线缆不满足净高18米的要求。不满足18米净高要求的跨河建筑物会对部分长江干支直达船型形成限制,应加强管理,视航运发展情况改建。总体来说,涪江重庆境内的跨河建筑物不成为提升Ⅲ级航道的制约因素。

（3）船闸改扩建是航道等级提升的关键工程

涪江重庆境内已建成的通航建筑物中，双江船闸兼顾1000吨级、潼南船闸为500吨级、富金坝船闸为300吨级、安居船闸为100吨级、渭沱船闸为100吨级，对应船闸级别分别为Ⅳ级（兼顾1000吨）、Ⅳ级、Ⅴ级、Ⅵ级、Ⅵ级。

（4）环境影响因素能够克服

航道提升工程有6处滩险和渭沱船闸改建（坝轴线下游）涉及湿地公园敏感点，除进行项目环境影响评价外，尚应开展"湿地生态功能影响评价"等专题研究，采取相应的环境保护措施。主要保护要求为禁止以下行为：

①开（围）垦、填埋或者排干湿地；②永久性截断湿地水源；③挖沙、采矿；④倾倒有毒有害物质、废弃物、垃圾；⑤破坏野生动物栖息地和迁徙通道、鱼类洄游通道，滥捕滥采野生动植物；⑥擅自引进外来物种；⑦擅自放牧、捕捞、取土、取水、排污、放生；⑧法律、法规禁止的其他行为。

据《中华人民共和国长江保护法》第二十七条，严格限制在长江流域生态保护红线、自然保护地、水生生物重要栖息地水域实施航道整治工程；确需整治的，应当经科学论证，并依法办理相关手续。因此，航道工程项目属于限制但不是禁止的公益项目。

应对措施主要有两个方面：一是减小在保护区的工程量；二是采取相应工程措施，获得相关许可，以实施航道提升工程。

（5）航道等级提升综合结论

结合河段自然条件、跨临河设施、已建枢纽、环境保护等外

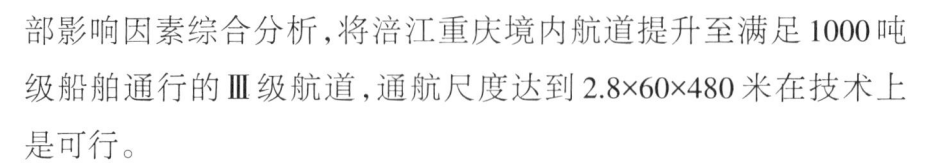

部影响因素综合分析,将涪江重庆境内航道提升至满足1000吨级船舶通行的Ⅲ级航道,通航尺度达到2.8×60×480米在技术上是可行。

5.航道等级提升方案

根据《国家综合立体交通网规划纲要(2021—2050年)》以及《重庆市综合立体交通网规划纲要(2021—2035年)》等相关文件要求对涪江干流重庆段进行规划建设,计划到2035年将涪江干流重庆段建设为Ⅳ级航道,到2050年将涪江干流重庆段建设为Ⅲ级航道。目前,达不到Ⅳ级标准的船闸有富金坝、安居和渭沱3处,达不到Ⅲ级标准的船闸有潼南、富金坝、安居和渭沱4处。三星、潼南、富金坝、安居和渭沱坝下均有部分近坝河段不能满足Ⅳ级航道尺度标准的要求。根据实际情况,对涪江航道开展具有针对性的航道提升建设,船闸及航道的改扩建实施方案见表3-30。

表3-30 涪江重庆境内航道建设系列工程

序号	项目名称	主要建设内容
一	重庆涪江干流梯级渠化船闸升级改造	
(1)	重庆涪江干流渭沱船闸升级改造工程	左侧新建一线船闸,尺度为180×23×4.2米
(2)	重庆涪江干流安居船闸升级改造工程	裁弯取直新建一线船闸,尺度为180×23×4.2米
(3)	重庆涪江干流富金坝船闸升级改造工程	裁弯取直新建一线船闸,尺度为180×23×4.2米

续表

序号	项目名称	主要建设内容
(4)	重庆涪江干流潼南船闸升级改造工程	右岸增建一线船闸,尺度为180×23×4.2米
二	涪江智能美丽航道工程	
(1)	涪江航道工程	整治滩险15处
(2)	涪江智能航道设施工程	智能化船岸通信系统、航道水文气象感知系统、桥梁智能安全预警系统、支持保障系统、电子航道图等
三	跨河建筑物改造	
(1)	重庆涪江航道跨河建筑物改造	对不满足净空要求的线缆进行改造

表3-31 涪江重庆境内航道治理滩险表

序号	滩名	航道里程/千米	碍航特性	环境敏感点	所属库区
1	三星坝下	132.6~131.4	约1200米长浅区	无	双江库区
2	滩1	130.3~129.3	约1000米长浅区		
3	滩2	129.1~128.9	约200米长浅区		
4	双江枢纽坝下	108.3~105.6	约2700米长浅区	定明山—运河市级风景名胜区、涪江国家湿地公园	潼南库区
5	滩3	103.8~103.4	约400米长浅区		
6	潼南枢纽坝下	86.0~85.6	约400米长浅区	无	富金坝库区
7	滩4	83.5~83.2	约300米长浅区		
8	滩5	82.7~82.3	约400米长浅区		
9	富金坝下	56.7	约200米长浅区	无	安居库区

续表

序号	滩名	航道里程/千米	碍航特性	环境敏感点	所属库区
10	二郎滩	55.1~53.8	约1300米长浅区		
11	鱼箭坝	51.6	右汊约300米长浅区		
12	黄家坝	32.8	航道左、右侧均有浅点	铜梁安居国家湿地公园	渭沱库区
13	七星中坝	30.0	右汊有浅点		
14	坐金滩	20.0	浅,弯,R=280米	合川三江国家湿地公园	草街库区
15	白鹤滩	15.0	弯,R=380米		

(四)小江航道等级提升方案

1.河流概况

小江属长江水系支流,位于长江北岸,发源于开州东北部与城口交界一字梁山脚钟鼓溪,流经白泉、和谦、温泉等乡镇,在开州汉丰镇老关咀与支流汇合,即为小江上游,亦称东河,该段长约98千米。东河和南河汇合后从北向南流经渠口有普里河汇入,经铺溪、云阳养鹿、渠马至青树(原小江电站坝址),该段为小江中游,长48千米。再经高阳、黄石等乡镇于双江注入长江,此段为小江下游,长28千米。中、下游段又称为彭溪河。小江源头至双江全长174千米,小江干流流域面积2363平方千米,海拔高程110~2635米,河源高程1710米,出口多年平均流量122.3立方米/秒。

小江径流主要靠降雨,雨量分配不均匀,每年5~10月降雨量占全年的90%。小江枯水期为11月至次年4月,洪水期为5~8月,中水期为9~10月,历年最大流量为3890立方米/秒,多年平均流量为107.10立方米/秒,历年最小流量为6.78立方米/秒,多年平均历时保证率95%时,流量为51.3立方米/秒。

小江流域地势起伏大,高山峡谷、丘陵平地交替出现。中上游为三叠系夏统大冶组中厚层灰岩地质构造,岩溶发育;上游多处高山峡谷,河谷深切,河面狭窄,谷底宽20~50米,水位变幅大、航槽变动频繁,具有比降大、水浅等特点,滩险连绵不断,地下水出露多;中下游为低山丘陵,平坦开阔,中游水流较平缓,河谷较为宽阔,一般为150~400米,最宽处达1500米;高阳至黄石段10千米,山势陡峭,乱石林立,河谷较窄,水流湍急,行船困难;黄石至双江段,地平河宽,长江汛期水位上涨,回水可至乌杨桥调节坝。

三峡水库正常蓄水后,三峡大坝坝前145米水位时,回水至开州白家溪(距河口51千米);坝前175米水位时,小江回水至开州马家沟(距河口110千米)。开州城区距河口75千米。

2. 航道现状

小江航道河口至白家溪段在2015年经过整治,整治效果较好,但未彻底解决桥梁碍航问题,整治后部分河段出现了回淤,目前航道可通行1000至3000吨级船舶。

(1)航道尺度等级现状

小江航道可通航总里程在110千米左右。

①河口至白家溪河段(51千米)。

河口至白家溪河段为145米蓄水期常年库区河段,经过整治后已经达到Ⅲ级航道通航要求，目前为Ⅲ级航道，航道尺度为3.0×60×480米；特殊困难河段弯曲半径320米。

②白家溪至乌杨桥调节坝段（19.5千米）。

白家溪至乌杨桥调节坝为回水变动段（距河口70.5千米），为Ⅳ级航道，通航保证率为60%。

③乌杨桥调节坝以上至开州汉丰湖段（4.5千米）。

乌杨桥调节坝以上至开州汉丰湖段为区间通航河段，通航旅游客船，为等外级航道。

④开州汉丰湖至马家沟段（35千米）。

开州汉丰湖至马家沟段为等外级航道，通航小型自用船。每年约有3个月时间通航。

⑤支流普里河河口至普里新区段（28千米）。

小江支流普里河河口至普里新区段为等外级航道，通航小型自用船。每年约有6个月时间通航。

（2）拦河建筑物现状

小江航道上的拦河建筑物只有乌杨桥调节坝。调节坝距河口70.5千米，坝长499米，正常蓄水位为168.5米。每年10月至次年5月，在三峡水库水位低于168.5米时，调节库内水位按正常蓄水位168.5米运行；在三峡水库水位等于或高于168.5米时，调节库内水位保持与三峡水库水位同步运行。由于乌杨桥调节坝未建通航建筑物，不能过坝通航。

（3）跨河建筑物现状

小江河口至白家溪段目前有跨河建筑物双江大桥、彭溪河高速公路大桥、小江电站大桥、云阳养鹿小江大桥、郑万高铁彭溪河多线特大桥等。

①双江大桥。

双江大桥距河口航道里程4.2千米,桥型结构为三跨连续拱桥,三孔桥墩间净宽均为116米,拱顶最大净高17.8米。该桥可通行3000吨级船舶,控制尺度为92×16.2×3.5米。

图3-19 双江大桥

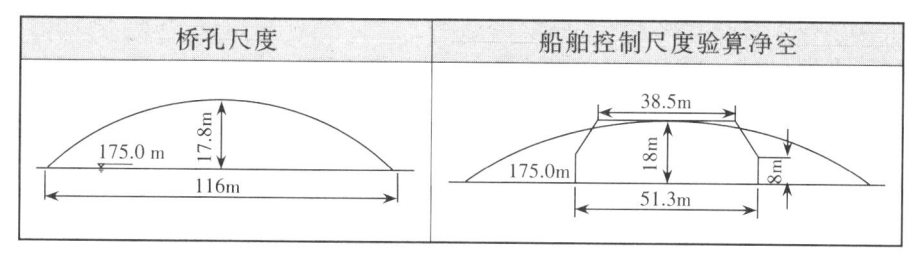

图3-20 双江大桥桥孔观测尺度与验算通航净空关系图

对照图片呈现的结果:实际净高不满足按船舶控制尺度验算的通航净高18米的要求。绘制现有净空图如下。

图 3-21　双江大桥净空图

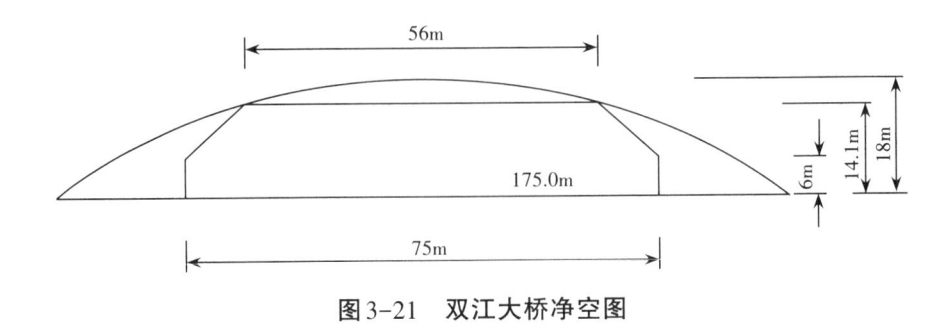

当在最高通航水位时,净高仅有14.1米,不足18米,差3.9米。也就是说,在水位低于171.1米时才满足标准的要求。统计万州2010—2012年3年的水位资料,水位在171.1米(吴淞高程)以上的时间占29.6%。双江大桥净空尺度不满足全年通航2000吨级船舶的标准要求,需要实行高水期通航控制。

此外,双江大桥在高水位时拱桥的桥墩淹没于水下,桥孔横向抗力较为薄弱,受船舶尺度、驾驶技术以及各种复杂大气影响,大桥安全隐患突出,极易发生船撞桥事故,建议采取适当措施保护桥墩和拱圈。为确保高水位运行期间船舶安全,在大桥适当位置设置航行水尺,在船舶过桥区设置"减速慢行"的标志以引导船舶在过桥区航道时减速慢行,以满足航道通航要求。

②彭溪河高速公路大桥。

彭溪河高速公路大桥距河口航道里程为9.1千米,桥区河段属于微弯河段。桥型结构为双塔斜拉桥,桥跨300米,顶高101米。根据河流通行船舶分段,该桥通行3000吨级船舶,控制尺度为92×16.2×3.5米。

该桥桥孔尺度不仅满足按通行船舶验算的净空要求,也满足《内河通航标准》的尺度要求,基本不影响通航。实际最大可通行5000吨级船舶,控制尺度为110×19.2×4.2米。

图3-22 彭溪河高速公路大桥

③小江电站大桥。

小江电站大桥距河口航道里程为25.80千米,桥区河段属于微弯河段。桥型结构为多跨连续T梁桥。设置的两个通航桥孔净宽仅为47.5米,孔中最大净高11.8米,桥墩根部净高9.2米。根据河流通行船舶分段,该桥通行1000吨级船舶,控制尺度为68×12.8×2.4米。

图3-23 小江电站大桥

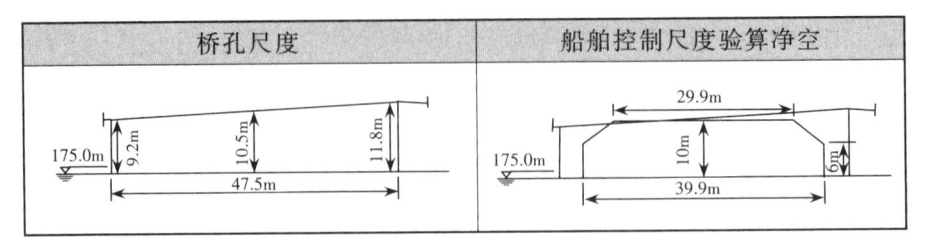

图3-24 小江电站大桥桥孔观测尺度与验算通航净空关系图

对照图片呈现的结果：桥孔尺度基本满足验算的8米净高和39.9米净宽要求，但是上底宽度不满足要求。当水位在174.32米以下时，满足验算净空要求。实际最大可通行500吨级船舶，控制尺度为50×18.2×2.4米。

水中墩数较多，受船舶尺度、驾驶技术以及各种复杂天气影响，小江电站大桥安全隐患仍然存在，须对船舶尺度采取适当限制措施。建议在大桥适当位置设置航行水尺，同时在桥区设置"减速慢行"标志，根据目前小江航道航行密度较低的实际情况以满足通航要求。

④云阳养鹿小江大桥。

云阳养鹿小江大桥跨越彭溪河，距河口航道里程43千米左右，桥梁全长354米，主桥为83米+150米+83米连续刚构+1×25米简支T梁，桥梁全宽9米，行车道净宽7米，引道长149米，路基宽8.5米。高水期通航净高都在25米以上，最大可通航5000吨级船舶。

图 3-25　云阳养鹿小江大桥

⑤郑万高铁彭溪河多线特大桥。

郑万高铁彭溪河多线特大桥全长741.6米，距离彭溪河河口约11千米，共14跨，墩高55米，是郑万高铁云阳段最长特大桥，结构形式为四线变二线道岔梁连续钢拱桥。

图 3-26　彭溪河多线特大桥

（4）航道设施现状

2015年，重庆航运建设发展有限公司组织实施了小江河口至白家溪航道建设工程，共建设如下航道设施：

①配布航标255座。其中：杆形岸标127座，困难标6座，铝合金塔标5座，10.0米浮标72座，6.7米浮标45座。

②建设交通安全标志46块。

③建设航行水尺1把（双江大桥处），航标维护及紧急救援基地2处（高阳基地：小江左岸，距河口航道里程20.1千米。白家溪基地：小江右岸，距河口航道里程49.3千米），分别配备30米趸船一艘，巡航搜救艇1艘，25米航标维护艇1艘。

④建设VHF通信基站2处（黄石基站），高清夜视CCTV水上交通安全视频监控系统1套。进行航道控制网建设和航道图测量。

目前小江河口至白家溪航道设施保持完好，处于正常运行状态。白家溪以上暂时未配布完善的航标系统。

3. 航道存在的问题

本段航道总体通航条件较好，除部分河段淤积和桥梁碍航的问题外，其余河段通过整治后均能满足提升等级的要求。

（1）小江电站大桥的通航问题

小江电站大桥（距河口25.8千米）在175米水位时，航道净宽仅37米，净高10米，通航净宽不能满足单向通航孔55米的Ⅲ级航道要求，仅能满足单向通航孔30米的限制性Ⅲ级航道通航标准。因此该段桥区航道应作为限制性Ⅲ级航道通航，不能满足1000吨级以上船舶在175米水位期运行。1000吨级以下船舶通过桥区河段只能采取单向通行的方式,如果航道通过能力需要进一步提升,就需要考虑将电站大桥拆除。

(2)开州白家溪至李家坝河段淤积问题

开州白家溪至李家坝河段距河口42.7千米~51千米,处于三峡库区145米回水末端。三峡坝前145米水位时,本段航道水深仅有1~2.5米,不能满足Ⅲ级航道水深要求,通过航道整治手段开挖后达到Ⅲ级航道标准。由于开挖量较大,全河段土石方开挖工程量达到30万立方米以上。且该段航道处于回水末端,每年有一定累积性淤积,每年的河段清淤维护量巨大,部分河段回淤严重,严重影响船舶通行。为保障航道等级提升后船舶的通行,需要加大疏浚维护力度,同时在李家坝河段设置整治建筑归顺水流,加大水流对航槽的冲刷,保障航道的畅通。

(3)相关部门为小江高质量航运发展提供了基础服务保障,但目前还存在航道专业人员短缺,专业船艇、装备偏少,航道信息化程度偏低的问题,维护能力较弱。后期等级提升后,需要加大航道信息化系统的建设投入力度,确保航道畅通。

4.航道等级提升的可能性分析

(1)河流水深、航宽特点决定有等级提升的可能

小江航道处于三峡库区库尾河段,受三峡水库蓄水调度的影响,河段整体水深、航宽较建库前大大增加,水流也变得较为平缓,行船条件较建库前有较大的改善,具备等级提升的可能。

小江航道从上至下水深、航宽逐渐增加。上游白家溪以上3千米河段为宽浅河段,白家溪以下至养鹿大桥为峡谷河段,养鹿大桥至养鹿镇段航道又逐渐放宽,养鹿镇以下至小江电站大

桥段为峡谷河段,小江电站大桥至高阳镇段为放宽段,高阳镇以下至黄石镇为峡谷河段,黄石镇以下至河口段为放宽段。整体上白家溪至河口段由三段放宽段和三段峡谷河段组成。在航道放宽段河宽达到500米左右,在缩窄河段河宽也有80米以上,具备航道等级提升的可能。

(2)跨临河设施、已建节制闸、环境保护等外部条件具备提升的可能

小江航道上只有小江电站大桥不能满足高等级航道通航净空尺度要求,如果对小江电站大桥拆除重建,小江航道上的桥梁均可满足Ⅱ级及以上航道净空尺度要求。另外河口的双江大桥净空尺度不满足全年通航2000吨级船舶的标准要求,可以在超过一定水位的情况下实行2000吨级船舶通航控制。为确保高水位运行期间的船舶安全,在大桥适当位置设置航行水尺,在船舶过桥区设置"减速慢行"的标志以引导船舶在过桥区航道时保持减速慢行。如此,可以满足航道通航2000吨级船舶的要求。

上游节制闸为固定顶高程闸坝,水面超过168米,节制闸即被淹没。节制闸处于上游河段,对河口至白家溪段航道无影响,河口至白家溪段航道具备等级提升的可能。节制闸至开州城区河段也可以通过开挖人工渠道,建设船闸,保障航道畅通。根据开州地方港航部门提供的信息,节制闸修建时考虑了预留通航明渠位置,只需要开挖几十米长的导流明渠建设船闸就行,节制闸打通后,船舶可以直接从白家溪开至汉丰湖到达开州城区。

小江航道部分处于三峡库区消落带以及河滨敏感区,但可以通过合理的工程布局、先进的爆破与疏浚清渣工艺,严格落实

各项生态保护和污染防治措施,减少其建设对区域生态环境的影响,不会改变区域环境功能,不会对长江三峡库区消落带和河滨敏感区产生明显影响。从环境保护角度出发,航道等级提升建设可行。

综上所述,小江航道具备航道等级提升的条件,可以进行航道等级的提升,小江河口至白家溪段按照内河航道等级标准提升为Ⅰ级航道是可能的,相应的航道尺度为4.5×90×670米。

小江白家溪至开州汉丰湖河段按照限制性Ⅲ级航道尺度标准建设,相应的航道尺度为2.8×60×330米,在175米水位期通航,其余水位期限制通航,在节制闸建设船闸通航。

图3-27 小江汉丰湖节制闸

开州汉丰湖至马家沟段按照Ⅴ级航道标准进行等级提升,建设相应的航道尺度为1.5×40×270米,在175米水位期通航,其余水位期限制通航。

小江支流普里河河口至普里新区段28千米航道按照Ⅴ级航道标准进行等级提升,相应的航道尺度为1.5×40×270米,在

175米水位期通航,其余水位期限制通航。

5. 航道等级提升方案

小江河口至白家溪51千米航道要达到Ⅰ级航道标准,需整治白家溪、李家坝、牛角湾、张家咀、刀背碛、渠马渡口等6处滩险,同时,拆除原有小江电站大桥,新建符合通航净空尺度的小江电站大桥。预估航道整治改造升级需要的疏炸工程量为18万立方米,需要拆除及新建小江电站、双江大桥。

小江白家溪至开州汉丰湖河段24千米航道按照限制性Ⅲ级航道尺度标准建设,打通节制闸,修建船闸连通汉丰湖与下游航道。

开州汉丰湖至马家沟段35千米航道按照Ⅴ级航道标准进行建设。

小江支流普里河河口至普里新区段28千米航道按照Ⅴ级航道标准进行建设。

(五)大宁河航道等级提升方案

1. 河流概况

大宁河位于重庆市东部,发源于重庆市巫溪县西宁与城口交界处的碑梁子,有龙滩河、汤家坝河两源,两河在中良乡龙头嘴汇合,横贯巫溪和巫山两县后在巫山城东注入长江,全长165千米,河段内多为峡谷河床,流域面积4181平方千米,巫溪以上为上游,巫溪至巫山大昌镇34.3千米为中游,大昌镇至巫山河口42千米为下游。

大宁河支流众多,水系呈树根状发育,自上而下的较大支流有右岸的西溪河(主流)、后溪河和柏杨河,左岸的东溪河、巴岩子河和平定河。

大宁河流域峰峦叠嶂,全属大山区,地势由东北部向中南部倾斜,地形起伏变化较大,相对高差1000米以上,为典型的深切割中山地形,并具有成层性特性,即有成片的低、中、高山平坝展现在不同的夷平面上。大宁河沿途峡谷与宽谷交替出现,天然情况下宽谷河段宽300~600米,峡谷河段宽120~200米。总落差131.64米,河面平均比降1.86‰,滩段平均比降为2.03‰,平均流速1.72米/秒。河床多为卵石河床,枯水河面宽度50~80米。大宁河属山区河流,河水暴涨暴落。天然情况下,大宁河汛期为4~10月,4~10月径流量平均占年径流量的85.1%,主汛期5~9月径流量平均占年径流量的69.1%;枯水期为11月至次年3月,径流量平均占年径流量的14.9%,12月至次年2月径流量平均占年径流量的6.1%,最小流量一般出现在1月。最大流量为4340立方米/秒,最枯流量为6.8立方米/秒。

大宁河流域内资源丰富。生物资源方面,盛产魔芋、油桐、桑蚕,还盛产杜仲、厚朴、党参、天麻等数十种优质中药材,其中杜仲已列入国家中医药重点开发项目。矿产资源方面,巫溪、巫山两县已发现矿产20种,其中以煤炭、石膏和硫铁矿的储量最大,沿江地区的储量分别为1.5亿吨、0.20亿吨和0.21亿吨。旅游资源是大宁河流域最具特色的资源。大宁河"小三峡"和支流马渡河"小小三峡"是国家重点名胜风景区,其中大宁河"小三峡"为国家5A级景区。巫溪县素有"峡郡桃园"之美誉。大宁河

"三迷(古悬棺、古栈道、野人)"、国家5A级景区红池坝、孕育巫文化的国家历史文化名镇——宁厂古镇、绝世奇观夏冰洞等大宁河沿线的33个国家级景点,特色分明,具有原始性、古朴性、异质性等特征,极具开发潜力。三峡水库蓄水后,大宁河景区作为长江三峡国际黄金旅游线的重要组成部分,已成为区域旅游的热点,吸引了众多中外游客纷至沓来。

三峡水库蓄水后,大宁河在145米水位运行时回水至大昌徐家湾(距河口42千米)处,在175米水位运行时回水至庙溪(距河口61千米),庙溪至巫溪县城11千米为自然河段。

2.航道现状

(1)航道尺度等级现状

①航道基本情况。

大宁河通航历史悠久,自古是巫溪、巫山两县的水上交通要道。目前干流通航河段为巫溪县城至巫山河段,航程72千米,其中河口至龙溪镇62千米的河段处于巫山县境内。

大宁河全长165千米,目前通航里程72千米。上游西溪河、东溪河因航道多年失修和公路运输的兴起,现已不通航;巫溪至大昌为中游,该段河流滩险多,地形复杂,经多年维护,具备一定运量的通航能力,但该段为急流航段,滩情复杂,航道弯曲半径小,航槽变动频繁,属等外级航道;大昌以下由于三峡水库蓄水回水影响,已成为内河Ⅲ级航道,1000吨级船舶可直达长江。三峡工程蓄水后,汛期145米水位回水至大昌徐家湾(距河口42千米)。大昌徐家湾以下航道水深增加,流速减缓,大部分航道尺度可达到3.0×60×280米(个别控制河段航道尺度为3.0×60×

210米),航道条件得到较大改善,有力促进了沿江矿产及旅游资源开发,航运发展比较迅速。目前1000吨级船舶可进入大宁河作业,部分时期甚至有2000~3000吨级船舶进入大宁河作业。正常蓄水位175米回水至大宁河庙溪,部分航段存在通视条件不好和弯曲半径不足等问题,需进行整治或设标控制,其余航道通航条件良好,1000吨级船舶基本可实现河口至庙溪段通行作业。

根据交通运输部、三建委要求,2009年对大宁河河口至大昌42千米航道进行了航道整治,大宁河河口至大昌42千米航道达到Ⅲ级航道标准,航道尺度为3.0×60×280米,其中控制河段航道尺度为3.0×60×210米,通航保证率达98%。

②跨河建筑物现状。

目前大宁河航道上的跨河建筑物主要有桥梁三座,均满足Ⅱ级航道通航净空要求。三座桥梁分别为巫山新龙门大桥(距河口3.2千米)、渝宜大桥(距河口5.5千米)、泰昌大桥(距河口35.5千米)。

③航道规划现状。

根据《重庆市航道发展规划》(2009年),大宁河航道规划情况见表3-32。

表3-32 大宁河航道规划情况表

航道名称	起讫点	里程/千米	现状等级	规划等级
大宁河	礁石岩—水口	53	等外级	Ⅲ级
	水口—巫溪县城	18.78	等外级	Ⅳ级

（2）河流规划

为开发大宁河丰富的水能资源，2005年9月中南院编制完成了《重庆市大宁河水资源综合利用规划报告》，报告规划大宁河干流梯级为中梁（625米）、下堡（427.4米）、西宁（368米）、沈家（315米）、大河（300米）、双溪（260米）、剪刀峡上（240米）、剪刀峡下（220米）、庙峡（203米）共9级，总装机容量23.29万千瓦，年发电量8.02亿千瓦·时，目前已（在）建梯级有中梁、下堡和西宁3座。

2011年5月，中水珠江规划勘测设计有限公司编制完成了《重庆市大宁河梯级开发庙峡至河口段航电开发方案比较研究报告》，为解决三峡蓄水175米至145米航段的通航，即提升庙峡至大昌19千米航段通航条件，在原规划庙峡坝址不变的情况下，新增大昌枢纽。

大宁河庙峡至河口段的开发任务以航运为主，兼顾发电、旅游与城市环境美化等综合开发。根据该河段地质、地形、水位衔接等因素，结合大宁河干流原梯级规划方案，选取庙峡和大昌两坝址，按Ⅱ级开发方案（庙峡+大昌）和Ⅰ级开发方案（大昌）进行研究比较。从工程建设条件（主要地质、枢纽布置、施工条件等）、社会影响以及经济指标（航运、发电效益及投资指标等）等几方面进行综合比较后，庙峡至河口段按Ⅱ级开发，即推荐庙峡（203米）、大昌（173.24米）Ⅱ级开发方案。

考虑到大昌和庙峡两梯级财务评价指标相对较差，与上游经济指标较好的剪刀峡梯级捆绑开发，推荐大昌、庙峡、剪刀峡（310米）捆绑开发方案。

（3）南水北调工程对水运渠化工程的影响

国家"中咨公司"牵头，联合清华大学等单位，于2000年开始了对南水北调中线取水工程大宁河补水方案的研究，先后完成了六个单项课题报告，拟定了大宁河补水的"东、中、西"三个方案，着重研究并推荐了中线补水方案，即大昌（143.24米）—剪刀峡（360米）—龙背湾（530米）方案。根据南水北调第二期所需的调水量，大宁河的来水量还不能满足调水需求，需从三峡水库平均每年抽水20亿立方米。调水方案为：在巫山县大昌镇大宁河左岸水口下游约350米处布置大昌一级泵站（需扩挖下游7.26千米河道），提水60米后沿大宁河左岸经8.12千米的明渠、渡槽、隧洞进入庙峡水库（规划的正常蓄水位为203米）；在库尾巫溪县城下游的龙洞河河口处布置二级泵站，提水后经4.56千米隧洞进入剪刀峡水库（规划的正常蓄水位为360米）；在东溪河左岸支流白鹿溪出口下游约2千米的马兰口处布置地下泵站，提水至377.40米，经56千米输水隧洞于堵河洋芋沟口附近进入堵河潘口水库（正常蓄水位为355米）；以下经堵河顺流而下，进入丹江口水库。

南水北调补水工程实施后，大昌和庙峡梯级的功能需要作出调整，关闭电站，增加梯级的供水和调水功能，即大宁河流域的来水量除满足本流域的用水需求和河道通航需水外，其余水量用于调水。大昌和庙峡水库可作为从三峡水库调水的调水线路。根据我国水资源利用相关政策，大昌和庙峡的发电损失将由南水北调工程予以补偿，可考虑一次性赔偿或者采用按年发电损失逐年赔偿的方式进行。

南水北调补水工程的大昌一级提水泵站大昌至庙峡水库8.12千米的输水道（设计流量为340立方米/秒，包括明渠、渡槽和隧洞）可由大昌电站和庙峡电站经适当改造后，变为两级提水泵站来代替。

从上可以看出，以航运开发为主的梯级渠化工程与南水北调补水工程不矛盾，先期建设大昌和庙峡枢纽后，水库可作为调水线路，还可减少调水工程输水道的建设，两者是可以协调的。

3. 航道存在的问题

目前，有以下几个问题制约了大宁河航道通过能力的进一步提升。

（1）河口至大昌段42千米航道

距河口22～24千米的马渡河河段属典型的峡谷河段，该河段弯曲半径较小（280米），要增大弯曲半径，航道整治难度大。

（2）大昌至巫溪县城段30千米航道

巫溪县城（距河口72千米）至大昌段（距河口42千米）航道30千米，河流滩险多，地形复杂，经多年维护，具备一定运量的通航能力，但该段为急流航段，滩情复杂，航道弯曲半径小，航槽变动频繁，属等外级航道，单纯靠航道整治改善航道条件，难度极大。

（3）巫溪县城至大河乡15千米航道

从巫溪县城至大河乡河段是连接庙峡与灵巫洞的旅游线路，需要进行旅游航道建设。

4. 航道等级提升的可能性分析

通过适当整治并结合枢纽建设，可在一定程度上提高大宁河航道等级。大昌徐家湾至河口河段处于三峡常年库区,通过一定的整治措施可以提高至Ⅱ级;徐家湾以上至巫溪县城为回水变动段,为天然河段,航道条件较差,枯水期最小流量仅6.8立方米/秒,只有通过渠化才能实现规划目标;巫溪县城至大河乡可通过适当治理,满足旅游行船需要。

从前述跨河建筑物现状分析可知,航道开发满足Ⅱ级航道通航净空的要求。从大宁河环境敏感区分布情况看,航道整治和枢纽建设涉及大昌湖国家湿地公园、长江三峡巫山湿地县级自然保护区、长江三峡庙峡景区,需进行专题论证和采取相应措施。从大宁河生态保护红线分布情况看,航道治理和枢纽建设不涉及生态红线。

大昌徐家湾至河口河段治理航道尺度标准为3.5×(60~70)×330米;徐家湾至巫溪县城治理航道尺度标准为2.8×60×280米;巫溪县城至大河乡河段可通过适当治理,航道尺度标准达到0.9×24×130米。

5.航道等级提升方案

(1)提升总体思路

结合三峡水库蓄水情况,将大宁河航道分段进行整治提升。河口至大昌徐家湾42千米航道属于三峡水库蓄水常年回水区,水深条件满足,可采取适当的航道整治方案,将该段航道提升为Ⅱ级航道。大昌徐家湾至巫溪县城,由于上游来流量有限,单纯靠整治措施难以达到Ⅲ级航道标准,通过建设2级枢纽来提升航道等级。

(2)河口至大昌徐家湾42千米航道提升

三峡水库建成后,145米回水至大昌镇徐家湾,正常蓄水位175米回水至庙溪。河口至大昌徐家湾42千米航道属于常年回水区,航道条件得到根本改善,个别航道存在通视不足和局部航道凸嘴等问题,可通过航道整治和支保系统建设进行整治,达到Ⅱ级航道标准。滩险的碍航特征主要表现为弯曲段凸嘴突出江心造成水深不足而碍航,部分河段转弯半径小,通视不足。主要滩险见表3-33,整治滩险需投资金约7100万元。

表3-33 碍航滩险一览表

序号	滩险名称	距河口航道里程/千米	碍航原因	治理方案	工程量	投资/万元
1	马脑壳	10	突出江心,航道转弯半径不够,水深不足	切咀	土方开挖6万立方米,石方开挖3万立方米,及相应护岸工程	2900
2	蛇脑壳	18.5	蛇脑壳梁子突出江心,航道转弯半径不够,通视距离不足	切咀	土方开挖1万立方米,石方开挖1万立方米,及相应护岸工程	2700
3	马渡河口	22	两岸陡峭,航道转弯半径不够,通视距离不足	支持保障系统	CCTV、AIS系统,智能化航标系统	1500

(3)大昌徐家湾至巫溪县城30千米航道提升

①梯级规划。

大昌徐家湾至庙溪河段属三峡水库变动回水区,根据该河段地质、地形、水位衔接等因素,结合大宁河干流原梯级规划方案,选取庙峡和大昌坝址。庙峡坝址为原规划坝址,位于龙溪镇庙溪村金家沟,河床高程169.5米左右;大昌坝址位于大昌镇七里桥村的老虎湾,河床高程141.2米左右。

表3-34　大昌徐家湾至巫溪县城梯级规划方案

项目	梯级名称	正常蓄水位(黄海高程)/米	汛期限制水位(黄海高程)/米	死水位(黄海高程)/米	装机容量/万千瓦	调节性能	距河口航道里程/千米	投资/亿元
建设枢纽	庙峡	203	200	200	3.5	无	42	50
	大昌	173.24		173.24	2	无	58	

②船闸规模。

根据航道规划标准,确定大昌梯级船闸、庙峡梯级船闸级别为Ⅲ级,1000吨级干散货船主要尺度为68×12.8×2.6米,船闸有效尺度为180×23×4.2米(长×宽×门槛水深)。

(4)巫溪县城至大河乡15千米航道

对大宁河灵巫洞至巫溪县城河道的浅滩、凸嘴进行开挖,对部分岸坡进行防护,建设必要的航道设施,满足游船航行的需要。

(5)航道等级提升方案

根据上述论证,大宁河87千米航道等级提升方案如下。

表3-35　大宁河航道等级提升方案

航道名称	起讫点	里程/千米	现状等级	提升等级	提升措施
大宁河河口至巫溪大河乡87千米航道	河口—大昌	42	Ⅲ级	Ⅱ级	航道整治+支保系统
	大昌—巫溪县城	30	等外级	Ⅲ级	修建Ⅱ级梯级枢纽
	巫溪县城—大河乡	15	等外级	Ⅶ级	航道整治+支保系统

(六)綦江航道等级提升方案

1.河流概况

綦江是长江上游右岸的一级支流,发源于贵州桐梓县,流经渝、黔两省市。綦江由南向北,流经贵州桐梓县和重庆的綦江、江津等区县,于江津区仁沱场注入长江,干流全长198千米,流域面积7068平方千米。源头至赶水63千米为上游,平均比降11.6‰;赶水至綦江城区61千米为中游,平均比降1.23‰;綦江城区至河口为下游,平均比降0.65‰。

綦江干流赶水以上又称松坎河,长63千米,为綦江上游,河段多急流险滩,流经多处岩溶峡谷,平均坡降为13%,一般河宽30~60米,赶水以下始称綦江。赶水至綦江城区为綦江中段,长61千米,河道弯曲处甚多,河面宽大约60米,平均坡降1.25%,以深丘和浅丘为主。綦江城区至长江口(仁沱场)为綦江下段,长约74千米,河面宽度80~150米,平均坡降约0.53%。

綦江流域内的矿产资源以煤、铁矿为主,已探明煤炭储量15亿吨,铁矿储量2亿吨,主要集中在沿江上游一带和丛山中。

2.航道现状

(1)航道尺度等级现状

綦江是重庆"一干两支六线"中重要的一条支线航道。随着《水运"十四五"发展规划》、《重庆市综合立体交通网规划纲要(2021—2035年)》和《重庆市综合交通运输"十四五"规划(2021—2025年)》的颁布出台,綦江梯级渠化工程已纳入建设规划中。

目前,綦江通航里程156千米,干流共有梯级枢纽9个,从上而下分别为羊蹄洞、盖石洞、珠滩、石溪口、桥河、綦江、桥溪口、车滩、五福。其中：江口至赶水135千米航道为Ⅶ级航道，仅能通行50吨级船舶；赶水至石门坎21千米航道为等外级航道。珠滩、盖石洞枢纽未建通航设施，造成珠滩以上45千米航道断航；五福至江口45千米河段为天然河段，枯水位无法通航；目前仅能在五福至石溪口45千米区间通航。

表3-36 綦江航道现状表

航道名称	航道起讫点	航道里程/千米	航道等级	航道尺度/米	区间
綦江	赶水以上	21	等外级	20×0.3×60	綦江
	赶水—河口	135	Ⅶ级	80×1.2×120	江津、綦江

（2）拦河建筑物规划及建设情况

①梯级规划情况。

根据《重庆市航道发展规划》（2009年版本），綦江的航道有明确的规划等级，其中赶水到江口段135千米规划为Ⅳ级航道，石门坎到赶水段21千米规划为Ⅵ级航道。根据重庆陆洋工程设计有限公司于2020年12月份编制的《重庆市綦江流域水能资源开发规划（修编）报告》，其报告中未对干流进行水能资源开发规划。

表3-37 綦江航道规划表

航道名称	航道起讫点	航道里程/千米	航道等级	航道尺度/米	区间
綦江	赶水以上	21	Ⅵ级	15×1.2×180	綦江
	赶水—河口	135	Ⅳ级	80×1.9×330	江津、綦江

②梯级现状。

目前，綦江干流共9级枢纽，总装机容量31000千瓦。根据调查,9个枢纽中常年发电的有车滩、綦江、石溪口、珠滩、羊蹄洞5个,现场调查时五福、桥河未发电。根据现场调查,9个枢纽中目前仅有五福、车滩、桥溪口、綦江、桥河(滑石子)、石溪口6处船闸可以通航,但等级较低,均为Ⅶ级船闸。珠滩、盖石洞未布置船闸,羊蹄洞不能运行。

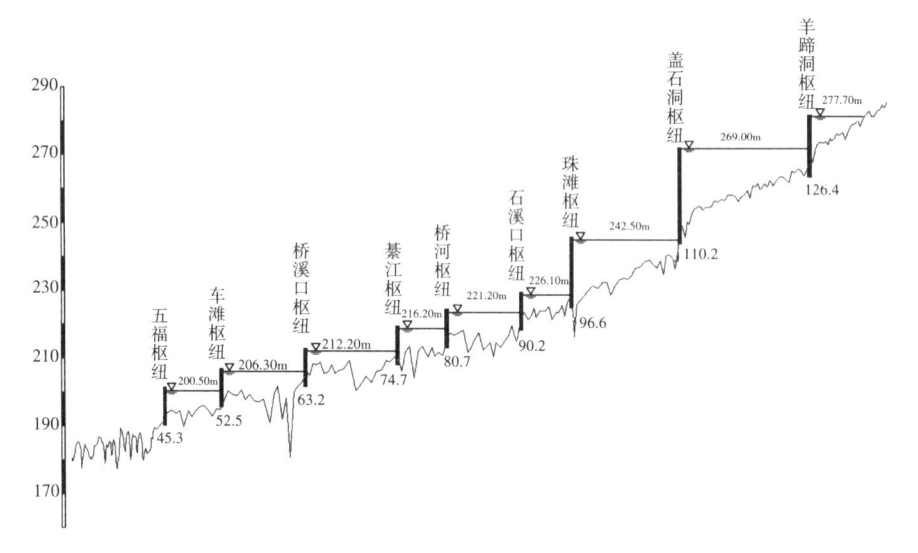

图 3-28 綦江流域梯级枢纽布置纵断面图

表 3-38 綦江干流现有枢纽基本情况表

序号	枢纽名称	距河口里程/千米	溢流坝 高程/米 闸顶	溢流坝 高程/米 正常蓄水	溢流坝 高程/米 堰顶	溢流坝 坝高	坝长/米	枢纽类型
1	五福	45.30	202.55	200.50	200.50	6.50	105.5	条石重力坝
2	车滩	52.50	207.57	206.20	206.20	6.50	144.9	条石重力坝
3	桥溪口	63.20	213.50	212.20	212.20	9.23	97.9	条石重力坝
4	綦江	74.70	217.60	216.20	216.20	4.30	112	条石重力坝

续表

序号	枢纽名称	距河口里程/千米	溢流坝 高程/米 闸顶	溢流坝 高程/米 正常蓄水	溢流坝 高程/米 堰顶	溢流坝 高程/米 坝高	坝长/米	枢纽类型
5	桥河(滑石子)	80.70	222.60	221.20	221.20	7.00	85	条石重力坝
6	石溪口	90.20	227.50	226.10	226.10	5.10	84	条石重力坝
7	珠滩	96.60	243.00	242.50	236.50	10.00	100	翻板闸+重力坝
8	盖石洞	110.20	277.50	269.00	258.00	14.50	44.3	闸门+重力坝
9	羊蹄洞	126.40	278.30	277.70	273.80	10.80	77	翻板闸+重力坝

表3-39 綦江干流现有枢纽船闸基本情况表

序号	船闸名称	距河口里程/千米	通航船舶吨级	基本尺度：闸室长×宽(闸门宽)×门槛水深/米	建设情况	运行情况
1	五福	45.3	50	60×12(6.0)×1.2	已建	运行
2	车滩	52.5	50	60×12(6.0)×1.2	已建	运行
3	桥溪口	63.2	50	60×12(6.0)×1.2	已建	运行
4	綦江	74.7	50	60×12(6.0)×1.2	已建	运行
5	桥河(滑石子)	80.7	50	60×12(6.0)×1.2	已建	运行
6	石溪口	90.2	50	60×12(6.0)×1.2	已建	运行
7	珠滩	96.6	50		未建(预留)	
8	盖石洞	110.2	50		未建(预留)	
9	羊蹄洞	126.4	50	66×9(3.8)×1.0	已改建	未运行

A.五福枢纽。

五福枢纽建于1944年,坝址位于距河口约45.3千米的五显滩中部,主要由溢流坝、船闸及土坝等建筑物组成。1970年,江津在左岸建成装机3200千瓦的水电站。

船闸由浆砌条石砌筑,上下闸首及闸墙顶高程202.55米,船闸有效尺度为60×12(6.0)×1.2米[闸室长×宽(口门宽)×门槛水深,下同],通行50~60吨级货船。溢流坝与闸墙相连接,坝体为浆砌条石重力坝。坝顶高程200.55米,坝长105.5米,最大坝高6.5米。

B.车滩枢纽。

车滩枢纽建于1944年,距河口约52.5千米,主要由溢流坝、船闸组成。1965年,江津在船闸的右侧副坝位置建成装机6000千瓦的水电站。

船闸由浆砌条石砌筑,上下闸首及闸墙顶高程207.57米,船闸有效尺度为60×12(6.0)×1.2米,通行50~60吨级货船。溢流坝与上闸首下边缘相接,坝体为浆砌条石重力坝,坝顶高程206.20米,坝长144.9米,最大坝高6.50米。

C.桥溪口枢纽。

桥溪口枢纽建于1944年,距河口63.2千米。桥溪口枢纽为砌石重力坝,溢流方式为坝顶开敞式溢流,最大坝高约10米,坝顶总长194米,溢流净宽98米,堰顶高程212.23米,堰型为折线型实用堰,溢流堰左右两侧坝段顶高程为213.50米。其中左岸坝段设有船闸,船闸有效尺度为60×12(6.0)×1.2米,通行50~60吨级货船。目前,枢纽正在建设水电站。

D.綦江枢纽。

綦江枢纽建于1944年,距河口74.7千米,主要水工建筑物有浆砌条石溢流坝和船闸。1994年,在枢纽左岸扩建水电站,装机容量1600千瓦。溢流坝为砌石重力坝,溢流方式为坝顶开敞式溢流,最大坝高约8米,坝顶总长142米,溢流净宽112米,堰顶高程216.20米,堰型为折线型实用堰,溢流堰右岸坝段顶高程为217.60米,右岸坝段设有船闸,船闸有效尺度为60×12(6.0)×1.2米,通行50~60吨级货船。

E.桥河枢纽。

桥河枢纽又名滑石子枢纽,距河口80.7千米,建于1941年,主要水工建筑物有浆砌条石溢流坝、船闸和电站。电站布置在河流右岸,于1945年建成,装机容量3200千瓦。溢流坝为砌石重力坝,溢流方式为坝顶开敞式溢流,最大坝高7.00米,坝顶总长150米,溢流净宽85米,堰顶高程221.20米,堰型为折线型实用堰,溢流堰右岸坝段顶高程为222.60米,左岸坝段设有船闸,船闸有效尺度为60×12(6.0)×1.2米,通行50~60吨级货船。

F.石溪口枢纽。

石溪口枢纽距河口90.2千米,建于1942年,主要水工建筑物有浆砌条石溢流坝、船闸和电站。溢流坝为砌石重力坝,溢流方式为坝顶开敞式溢流,最大坝高约7.5米,坝顶总长140米,溢流净宽84米,堰顶高程226.10米,堰型为折线型实用堰,溢流堰右岸坝段顶高程为227.50米,右岸坝段设有船闸,船闸有效尺度为60×12(6.0)×1.2米,通行50~60吨级货船。

G.珠滩枢纽。

珠滩枢纽距河口96.6千米,改建于2009年,为小(二)型水电站,装机容量2×4000千瓦。珠滩枢纽主要由右岸非溢流坝、翻板活动坝、冲沙闸、电站厂房及升压站等建筑物组成,未建设船闸,只在右岸预留了船闸位置。非溢流坝布置在右岸,坝顶高程243.0米,最大坝高17.0米,坝顶宽10.0米。翻板活动坝位于非溢流坝左侧,共10孔,闸门孔口尺寸为10×6米(宽×高),堰顶高程236.5米。电站厂房布置在靠左岸河床中,主厂房长25.0米,宽13.0米,钢筋混凝土结构。副厂房布置在主厂房下游,长17.7米,宽7.0米。冲沙闸布置在电站左侧,宽度9.40米。枢纽正常挡水位242.5米,上游设计水位244.63米,下游设计水位236.85米。

H.盖石洞枢纽。

盖石洞枢纽距河口110.2千米,于2017年新建完工,主要建筑物包括挡水坝、泄洪闸、船闸、电厂,左岸为挡水坝段,中间5孔泄洪闸,右岸船闸,电厂布置于左岸挡水坝下游,采用有压钢管引水。泄洪闸溢流净宽55米,堰顶高程258.00米,堰型为折线型实用堰,溢流堰两岸坝段顶高程为277.50米,规划船闸有效尺度120×12×2.5米,但船闸未建。

I.羊蹄洞枢纽。

羊蹄洞枢纽距河口126.4千米,建于1940年,主要水工建筑物有砌石溢流坝和船闸。2005年,羊蹄洞枢纽右岸扩建水电站,船闸的位置没有变动。扩建水电站后坝轴线总长156.0米,电站厂房位于右岸,河床中部布置10孔宽9.0米、高4.5米翻板闸门,占据河宽91.5米,闸门顶高程278.3米,回水里程7.0千米。电站厂房地面高程285.5米,电站装机容量2×2000千瓦,船闸位于左岸,有效尺度为66×9(3.8)×1.0米,目前不能通航。

(3)跨河建筑物现状

綦江江口至赶水镇河段的跨河建筑物共有29座,均为桥梁。经初步调查,有赶水公铁立交桥、太平大桥、两河口大桥、三江旧大桥、四钢铁路旧桥、綦江大桥、北渡铁路桥7座不满足Ⅲ级航道10米净高要求。

3. 航道存在的问题

目前赶水至河口135千米干线河段已建有羊蹄洞、盖石洞、珠滩、石溪口、滑石子、綦江、桥溪口、车滩和五福等9座闸坝,其中上段羊蹄洞、盖石洞船闸年久失修不能通航,珠滩未建船闸,航道被切断。目前綦江梯级航运中存在的主要问题是:

(1)已建梯级水位上下不衔接,通航水域不连续,多处天然河段航道水深不足

①羊蹄洞闸坝回水7.0千米,回水末端距赶水3.0千米,为天然航道。

②盖石洞电站回水3.6千米,距羊蹄洞尾水11.8千米,为天然河道。

③珠滩电站回水约10.0千米,回水末端距盖石洞梯级尾水约3.0千米,为天然河道。

④石溪口梯级拦河坝低,回水仅2.4千米,距珠滩电站3.6千米,为天然河道。

(2)重电轻航,未建船闸,人为切断航道

①2009年修建的珠滩电站位于三江上游4.6千米,未建通航船闸,形成新的碍航闸坝。

②盖石洞电站为引水式电站,枯水期上游来流量全部被引走,船闸以下几百米形成脱水段,致使航道断航。

(3)航电用水矛盾十分突出

綦江枯水期流量较小,电站白天蓄水晚上发电,造成白天航道水深不足,船舶航行困难。

(4)现有船闸等级低、尺度小,制约綦江水运的发展

现有枢纽船闸部分为新中国成立前修建的,为适应当时航运发展的小船闸,有效尺寸为60×12(6.0)×1.2米,严重限制了过闸船舶的吨位,通过能力有限,不能满足社会经济发展的远景需求。

(5)河口段滩险众多,航深严重不足

五福至河口段45.3千米,共有滩险34处,枯水期航深、航宽严重不足。在枯水期,上游电站白天蓄水,晚上发电,造成白天河段断流而断航,碍航问题尤为突出。

(6)跨河建筑物通航净空尺度不足

五福至赶水河段在新中国成立前后兴建有铁路桥和公路桥,当时修建的桥梁等级低。有的跨度小,只能满足单向通航,有些桥梁净空高度不够,这些都严重影响通航。

4.航道等级提升的可能性分析

(1)桥河枢纽以下可实现连续渠化,为航道提升提供了可能

綦江五福以下至河口45.3千米为天然航道,有34处滩险,枯水期流量小,河道弯曲狭窄,枯水期航宽仅30米左右,水深仅

0.4~0.8米,遇上游电站蓄水时常断流,汛期受长江洪水顶托,河口泥沙淤积严重,河口段成为綦江航道治理中的难点。新滩枢纽的建设将使该河段成为水库航道,从根本上解决该河段的通航问题。

五福到桥河35千米航道,河段较顺直,河床呈不对称"U"形,主要由砂卵石构成,两岸岸坡左缓右陡,右岸基岩出露,两岸边坡稳定。河道纵坡平缓,两岸植被良好。该河段从岸坡组成历史变迁来看,河势变化不大,河床未见大的变化。总体来看,该河段河床和岸坡较为稳定,同时,已建枢纽通航设施能够运行,碍航桥梁较少,航道条件较好,仅需对各梯级及通航船闸进行改造,实现航道优化。目前技术成熟,2~3个枯水期即可建成。

新滩枢纽的建设可解决五福至江口段的险滩、浅滩等问题。因此,桥河以下可在投资较优的情况下,实现连续渠化,为航道提升提供了可能。

表3-40 綦江桥河以下梯级水位衔接情况表

枢纽名称	航道里程/千米	上游最高通航水位/米	上游最低通航水位/米	下游最高通航水位/米	下游最低通航水位/米	备注
桥河枢纽	80.7	229.5	229	216.5	216	改造后
桥溪口枢纽	63.2	216.5	216	206.5	206	改造后
五福枢纽	45.3	206.5	206	196.34	192.34	改造后
新滩枢纽	2.5	195.5	194	—	173.1	新建

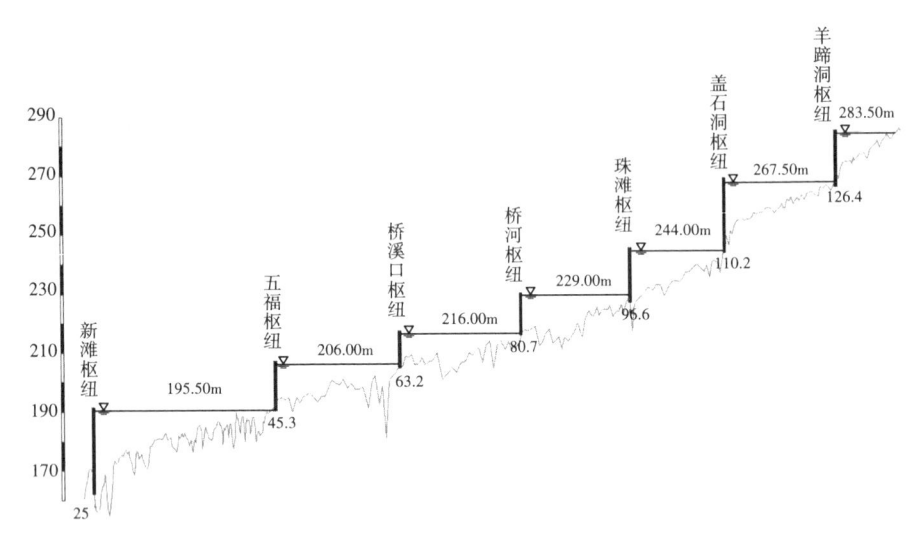

图 3-29　綦江流域梯级优化布置纵断面图

（2）桥河至赶水河道狭窄，桥梁改造较多，通过渠化可适当提高航道等级

桥河以上55千米航道需对珠滩、盖石洞、羊蹄洞三座梯级进行改造，提高正常蓄水位，拆除石溪口梯级，使各梯级水位互相衔接。盖石洞为2017年完工的枢纽工程，其未建通航设施船闸工程，且紧靠铁路沿线，未预留船闸位置，改造难度较大。羊蹄洞枢纽至盖石洞枢纽河段，河床狭窄，河床主要由砾石和块石组成，两岸为崩塌形成的堆积物，其下层为泥岩底层，不遇人类活动，该河段河势及河床不会发生大的变化。但由于盖石洞枢纽下游河床有大量的块石、砂卵石堆积以及电站引水发电，枯水期下游形成300米长的脱水段，河床干涸，致长期不能通航。珠滩枢纽下游为一急弯，河流左岸地势平缓，右岸是较陡的单面山地形。目前盖石洞枢纽和珠滩枢纽未建船闸，不能通航，为碍航

闸坝。同时,在桥河以上至赶水段,碍航桥梁较多,改造难度较大,特别是四钢旧铁路大桥。因此,桥河至赶水河道若按Ⅲ级航道标准进行整治,则难度大、投资巨大、效果不明显。

(3)环境因素

据《重庆市綦江流域水能资源开发规划(修编)报告》(2020年12月)綦江自然保护地分布图和生态空间分布图,重庆境内綦江干线不涉及生态敏感区和生态红线,航道工程建设不存在障碍。

综上所述,对于提升桥河枢纽以下航道等级,采取綦江渠化的方式,成本相对较低,具有十分明显的经济和社会效益。对于桥河以上航道,保持现状,当时机成熟时,再对桥河以上航道进行航道整治。

5. 航道等级提升方案

综合考虑綦江腹地资源开发需求、产业布局、综合交通优势及綦江水文特征(来水量小,枢纽发电量低,效益不高),建议将江口到桥河90千米航道按Ⅲ级航道进行规划建设,桥河到赶水54.3千米保持现状。

Ⅲ级航道建设标准如下:①船舶标准为63×11×2.4米(船长×船宽×吃水);②航道标准为2.8×60×480米(航深×航宽×弯曲半径);③船闸标准为180×23×4.2米(长×宽×门槛水深)。

目前綦江干流共有9个梯级枢纽,从上而下分别为羊蹄洞、盖石洞、珠滩、石溪口、桥河、綦江、桥溪口、车滩、五福。通过拆除3个枢纽(车滩、綦江、石溪口),改扩建3个枢纽(五福、桥溪口、桥河)以优化蓄水方案,使枢纽间水位衔接,同时对通过能力低的船闸进行升级改造；新建新滩梯级枢纽，渠化五福至新滩河段航道，从而达到提高航道等级的目的。对各级枢纽库尾段及河口段水深不足的航道实施航道整治工程，建设相应的航道设施。

四、研究结论

(一)建设"川渝黔桂大运河"，壮大西部陆海新通道

通过嘉陵江、乌江、乌北运河、北盘江、红水河、西江、平陆运河，按照国家西部陆海新通道规划中的中线建设"川渝黔桂大运河"，连接川、渝、黔、桂等西南主要经济区，辐射陕、甘、疆等西北主要经济区，形成西部地区纵贯南北的水运出海大通道，构建西部陆海新通道国家战略的重要支撑。"川渝黔桂大运河"的线路布局有东线布局和西线布局两种。

"川渝黔桂大运河"的西线布局意在贯通我国西部省区市，从四川广元出发，经嘉陵江688千米至重庆朝天门入长江，经长江干流120千米至涪陵乌江口，经乌江799千米至贵州普定，新开乌北运河35千米连接乌江与北盘江，经北盘江175千米于望谟入红水河，经红水河780千米至广西桂平入西江干流，经西江干流桂平至平塘江口230千米进入平陆运河，经平陆运河133千米至钦州出海。路线总长2960千米，较经长江口出海到达北部湾地区缩短里程约2600千米。

东线起点同西线方案,从四川广元出发,经嘉陵江688千米至重庆朝天门入长江,经长江干流120千米至涪陵乌江口,经乌江、清水河552千米至贵定附近,开挖人工运河61千米连接至凯里,从凯里挖人工运河64千米(其中有30千米可利用清水河)接入都柳河三都县,从三都经榕江、从江、融江等县489千米到达柳州,从柳州经柳江、黔江284千米到达桂平,经西江干流桂平至平塘江口230千米进入平陆运河,经平陆运河133千米至钦州出海。路线总长2621千米,较西线里程短300多千米。

对比西线和东线两个方案,西线方案分水岭处的乌北运河仅有35千米,可利用三岔河道改造,实施难度相对较小。东线方案分水岭处的乌柳运河有125千米长,且分两段连接,开挖人工运河较长,实施难度相对较大。但东线方案较西线方案总长度缩短300多千米,在运河建成后的运行上具有优势。如何选择,需要进一步论证研究。

(二)建设"成渝地区运河环线",助推成渝地区双城经济圈建设

成渝地区双城经济圈是我国西部地区发展水平最高、发展潜力较大的城镇化区域。该区域的现状是成都和重庆两个特大城市的经济和人口密度高,形成东西两个发展核极,而成渝两个城市之间的城市群发展水平相对较低,与两大核极之间的经济融合度不高,形成所谓的"中部塌陷带"。如果充分利用该区域内的长江支流水系,辅以人工运河,建成"成渝地区运河环线",则可构建经济、环保、便捷的水运网络,增强成渝两个核极对"中部塌陷带"的辐射带动力,助推成渝地区双城经济圈建设。本研究对"成渝地区运河环线"提出大小两个方案。

小环线方案:利用嘉陵江高等级航道,从朝天门至合川95千米,再经涪江35千米到铜梁安居,取道琼江155千米至遂宁安居,开挖人工运河70千米将遂宁安居连通资阳,人工运河接入沱江,顺沱江而下经375千米到达泸州接入长江干流,沿长江而下经258千米到达重庆朝天门,形成988千米的成渝地区运河小环线。

大环线方案:同样是利用嘉陵江高等级航道,从朝天门至合川95千米,再经涪江35千米到铜梁安居,取道琼江155千米至遂宁安居,开挖人工运河70千米将遂宁安居与资阳连通并接入沱江,再从资阳开挖人工运河88千米至眉山并接入岷江,沿岷江经235千米至宜宾入长江,沿长江而下358千米到达重庆朝天门,形成1036千米的运河大环线。该方案有两段人工运河,运河越岭开挖段均为深丘或低山地带,两端之间可通过建设梯级枢纽实现水流连通,涪江、岷江均规划建设枢纽实现连续渠化。与小环线方案相比,大环线方案的水运网连接了岷江流域的眉山、乐山、宜宾等重要城市,再加上沱江流域的资阳、内江、泸州等城市,基本覆盖了整个四川盆地,具有更高的经济价值。

鉴于渝西地区是重庆工业化和城市化的主战场,为增加该区域的水运能力,可考虑在"成渝地区运河环线"的基础上增加一条纵线,形成"渝西水上通道",将大足、荣昌等城市接入长江水运网。"渝西水上通道"的布局方案为:在琼江通过关溅河19千米进入平滩河,经平滩河33千米到达回龙镇,从回龙镇至大足开挖人工运河11千米接入濑溪河,从濑溪河经125千米水路在泸州胡市镇汇入沱江,与成渝地区运河环线连通。"渝西水上通道"总长188千米,可结合渝西补水工程一体规划建设。

(三)建设"5000吨级航道延伸工程",提升长江上游航运中心地位

国家规划长江上游重庆至宜昌段为5000吨级航道,这是重庆作为长江上游航运中心的基本依托。因为5000吨级及以上的船舶可以一程直达上海,中间无需转船,具有成本和效率的优势。增加5000吨级航道里程,对重庆发挥长江上游航运中心的作用十分重要。充分利用三峡水库向长江支流回水,在145米回水末端形成常年库区的条件,将5000吨级航道由长江干流向长江支流延伸,是重庆独有的优势。通过增加5000吨级航道里程,不仅显著提升航道对货运量的承载能力,还可大幅增加5000吨级深水港口岸线,新增铁公水多式联运的枢纽节点,扩大经济腹地半径,发展临港经济,增强三峡库区经济实力,提升长江上游航运中心服务功能。

重庆境内现有的5000吨级航道为长江干线永川至巫山段,全长679千米。可利用三峡蓄水位对支流进行5000吨级航道延伸,延伸航道主要有乌江河口至涪陵白涛26千米、小江河口至开州白家溪51千米、梅溪河河口至奉节康乐18千米、黛溪河河口至奉节潮水溪11.5千米,共106.5千米。这些航道建成后,相当于将重庆现有的5000吨级航道增加了15.7%。按现有长江重庆段干流平均运量计算,每年可增加运量3300万吨。更为重要

的是，十分稀缺的5000吨级港口岸线大幅增加，有可能在白涛、开州、奉节等地形成一批新的枢纽型港口，带动三峡库区经济高质量发展。

（四）建设"綦江高等级航道"，使其成为渝黔合作先行示范区水运大通道

綦江区是渝黔合作的先行示范区之一，重庆和贵州将依托綦江至遵义一线共同建设西部陆海新通道渝黔综合服务区，并延伸构建"黔渝新欧铁路物流专线"。《渝黔合作先行示范区建设实施方案》提出加快綦河航道枢纽建设，将通航能力提升为1000吨级，开辟黔北地区进入长江的水运通道。"綦江高等级航道"建设布局主要为三个方面：第一，拆除车滩枢纽、綦江枢纽、石溪口枢纽等3个枢纽；第二，改扩建五福枢纽、桥溪口枢纽、桥河枢纽等3个枢纽；第三，在江口处新建新滩枢纽。最终使江口至桥河枢纽段90千米航道达到Ⅲ级航道标准，通行1000吨级船舶。如果重庆小南海枢纽项目能恢复建设，綦江航道改造的工程量和投资都将大幅度降低。

（五）建设"涪江美丽智慧航道"，使其成为交通强国战略的重庆示范

国家发布的《交通强国建设纲要》提出要建设一批"美丽智能航道"，重庆建设"涪江智能美丽航道"已列入交通运输部的试点工作意见。2021年2月，重庆市人民政府下发《重庆市推动交通强国建设试点实施方案（2021—2025年）》，提出"利用现代通

信技术,建设船舶智能通信系统,完善涪江航道电子航道图,形成规范高效的数字航道维护管理体系,推动航道管理数字化、智能化、可视化"。按照"通(畅)、智(慧)、美(丽)"原则,建设"涪江美丽智慧航道"。畅通航道要对富金坝、安居、渭沱等三个枢纽的船闸进行改扩建,同时对枢纽间的航道进行整治,达到Ⅲ级通航标准。智慧航道即构建信息化、自动化、智慧化的山区内河航道支持保障系统,推动"5G+北斗"等技术的航道场景应用,通过智能化船岸通信系统、航道水文气象感知系统、桥梁主动防撞预警系统等新技术,提高涪江通航能力、效率和安全水平。美丽航道建设主要是结合航道治理工程,针对沿线地形特点,因地制宜,在尽可能保留原有景观特色的基础上,利用水生植物的造景和岸上植物的补栽,形成层次分明的沿河绿化带,营造滨水景观。同时打造生态涵养区,选取适宜的支汊、河湾建设生态景观带,在发挥河流航运、发电、供水等功能的基础上,进一步实现其自净、生态、旅游等综合功能。

(六)建设"小江高等级航道",使其成为万达开统筹发展示范区水运大通道

万达开统筹发展示范区是川渝合作的重点区域,按照万州、达州、开州三地一体化发展的思路,围绕交通互联互通、产业协同发展、公共服务共建共享、开放创新协同合作、生态联防共治五个领域,提出了50余项统筹发展事项,推动川东和渝东北城市群优势互补,协同发展。小江航道地处万达开统筹发展示范区的中心地带,是川陕地区进入长江最便捷的水运通道,以达州

为起点,以云阳为终点,有多种运输方式连接。一是通过达万扩能铁路在开州港下水,通过5000吨级船舶到达云阳,时间约为5小时,货运成本为30元/吨;二是通过达万宜铁路在万州港下水,通过5000吨级船舶到达云阳,时间约为6小时,货运成本为40元/吨;三是通过渠江水路到达嘉陵江,从嘉陵江到达长江,再沿长江干流到达云阳,时间约为70小时,货运成本为60元/吨。从资金和时间成本分析,小江航道最为经济便捷,对于万达开一体化发展作用明显。小江高等级航道建设实际上是5000吨级航道延伸工程的一部分,即从小江河口至白家溪51千米航道按Ⅰ级航道建设,主要建设内容为拆除并新建小江电站大桥和双江大桥,对河口至白家溪51千米航道进行整治,使5000吨级船舶从长江直达开州港。

(七)建设"大宁河高等级航道",使其成为巩固渝陕鄂交界带脱贫成果的重要物流通道

党的十八大以来,国家开展了脱贫攻坚战,大宁河流域发生了巨大变化。2018年,重庆巫山正式退出国家扶贫开发工作重点县序列。2018年,湖北神农架林区成功脱贫摘帽。2020年,重庆巫溪正式退出国家扶贫开发工作重点县序列。但大宁河流域所处的渝陕鄂交界带,自然环境脆弱,经济发展滞后,脱贫时间较晚,巩固脱贫攻坚成果的任务依然艰巨。水运是巫山、巫溪和巴东地区最重要的运输方式,大宁河沿岸是矿产和旅游资源富集地,开发大宁河航运,将当地资源优势转化为经济优势,对于产业扶贫、新农村建设、当地居民就业增收,巩固脱贫攻坚成

果具有重要作用。大宁河全长165千米，结合三峡蓄水情况，可将大宁河航道分为两段进行整治提升。河口至大昌徐家湾42千米航道属于三峡水库蓄水常年回水区，水深条件满足，可通过航道整治提升为Ⅰ～Ⅱ级航道。大昌徐家湾至巫溪县城段，拟建设大昌、庙峡两级枢纽，渠化36千米为Ⅲ级航道，船闸按1000吨级标准建设，大宁河航道提升后，巫溪港可全年通航1000吨级船舶，大宁河腹地对外物流条件大为改善，经济活力将大幅提升。